# 城市轨道交通长大区间
## 应急救援研究与实践

沈卫平 任国庆 徐安雄 ◎ 著

西南交通大学出版社
·成都·

## 图书在版编目（CIP）数据

城市轨道交通长大区间应急救援研究与实践 / 沈卫平，任国庆，徐安雄著. —成都：西南交通大学出版社，2021.5
ISBN 978-7-5643-8034-2

Ⅰ. ①城… Ⅱ. ①沈… ②任… ③徐… Ⅲ. ①城市铁路－轨道交通－突发事件－救援－研究 Ⅳ. ①U239.5

中国版本图书馆 CIP 数据核字（2021）第 095616 号

Chengshi Guidao Jiaotong Changda Qujian Yingji Jiuyuan Yanjiu yu Shijian
### 城市轨道交通长大区间应急救援研究与实践
沈卫平　任国庆　徐安雄　著

| | |
|---|---|
| 责任编辑 | 宋浩田 |
| 封面设计 | 何东琳设计工作室 |
| 出版发行 | 西南交通大学出版社<br>（四川省成都市金牛区二环路北一段 111 号<br>西南交通大学创新大厦 21 楼） |
| 发行部电话 | 028-87600564　028-87600533 |
| 邮政编码 | 610031 |
| 网址 | http://www.xnjdcbs.com |
| 印刷 | 成都蜀通印务有限责任公司 |
| 成品尺寸 | 170 mm×230 mm |
| 印张 | 11.75 |
| 字数 | 169 千 |
| 版次 | 2021 年 5 月第 1 版 |
| 印次 | 2021 年 5 月第 1 次 |
| 书号 | ISBN 978-7-5643-8034-2 |
| 定价 | 58.00 元 |

图书如有印装质量问题　本社负责退换
版权所有　盗版必究　举报电话：028-87600562

# 前言

随着城市规模的快速扩大和轨道交通的高速发展,一些超(特)大城市在建设其轨道交通网络的同时,前瞻性地构建了包括市域快线在内的多层次轨道交通网络体系,并取得了较好的运用效果。经过几年的发展,市域快线已逐渐成为城市巨大规模和全域发展意图的必然产物,其规划、建设和运营问题渐渐渐成为研究的热点。

成都地铁 18 号线是按"中心穿越、串城连接、快慢运行、互联融合"理念实施的全国首条运行速度为 140~160 km/h 的市域快线,也是国内首条采用 AC 25 kV 牵引供电制式进城,集"快慢组合、共线运营"等多种运营组织模式和功能于一体的复合线路,兼顾中心城区、市域及机场客流。同时,作为市域快线,18 号线在区间长度(最大区间为天府新站—三岔站,长度 19.16 km)、车辆选型、供电制式、运营模式、应急管理等均与传统的城市轨道交通线路存在较大差异。自规划开始,成都轨道交通集团及中电建瑞川轨道有限公司联合设计、建设、科研单位，以项目功能定位和运营需求为出发点，对18号线的主要技术标准和关键技术进行了探索性的创新研究，形成了一系列的研究成果，有效确保了18号线的建设和开通。

本书以成都地铁18号线长大区间应急救援体系研究为主要内容，是上述探索性创新研究成果之一。本书从长大区间定义、事件驱动的情景构建与分类、隧道联络通道及应急疏散设计、长大区间应急救援方案研究等方面入手，建立了"情景-应对"型突发事件的应急救援理论。基于该理论研究成果，以天府新站—三岔站某隧道区间为例，建立了隧道火灾模型及对应的行人疏散模型以判定区间内的疏散设施设备的合理性和安全性。本书基于区间救援难度及列车堵塞造成的行车组织复杂性等角度给出了城市轨道交通长大区间判定标准，为行业规范的制定提供了理论依据。所构建的"情景-应对"型突发事件应急救援理论方法课有效提高灾难发生后司乘人员的应急响应速度与疏散效率。对于提高应急部门处置突发事件的应急能力和水平，加速建立和完善适合我国国情的城市轨道交通应急指挥工作具有非常重要的意义。

本书在写作过程中，得到了中电建瑞川轨道有限公司、成都地铁运营有限公司、西南交通大学及成都交通高级技工学校的支持和帮助。蒋蔚、陈东、马剑、邓捷协助确定研究框架，王睿、李畅、陈杰、雷志刚协助整理文献资料，并参与第五章初稿的撰写，李静、岳芙蓉协助开展数值计算与分析，邓雪、侯蓉华、于丽协助第三章初稿的撰写，在此表示衷心感谢。

由于作者水平有限，时间仓促，如在书中出现错误和疏漏，敬请读者给予批评和指正。

著　者

2021 年 5 月

# 目录

## 1 绪论 ··········································································001

1.1 研究背景及意义 ····················································001
1.2 国内外研究现状 ····················································004
1.3 项目研究目标与研究内容 ······································009

## 2 城市轨道交通长大区间定义 ·····································013

2.1 相关研究现状分析 ················································013
2.2 长大区间应急救援特点 ········································014
2.3 紧急救援运输组织分析 ········································015
2.4 城市轨道交通长大区间定义 ··································017
2.5 本章小结 ······························································020

## 3 事件驱动的情景构建与分类 ·····································021

3.1 事件驱动的情景构建概述 ····································021
3.2 城市轨道交通突发事件情景分类 ··························028
3.3 城市轨道交通长大区间火灾情景构建示例 ···········039
3.4 本章小结 ······························································042

# 4 联络通道及应急疏散设计 ···· 044

4.1 地铁隧道火灾特点 ···· 044
4.2 基于 FDS 建模的火灾模型原理 ···· 047
4.3 基于 Pathfinder 建模的行人疏散原理 ···· 053
4.4 联络通道应急疏散设计 ···· 058
4.5 小 结 ···· 086

# 5 长大区间应急救援方案 ···· 087

5.1 应急处置机构及职责 ···· 087
5.2 一般情景 ···· 089
5.3 紧急情景 ···· 111
5.4 本章小结 ···· 149

# 6 成都地铁 18 号线长大区间（天府新站—三岔站）实例分析 ···· 150

6.1 隧道模型和参数设置 ···· 150
6.2 隧道火灾数值模拟分析 ···· 152
6.3 人员疏散模拟研究 ···· 171
6.4 小 结 ···· 175

**参考文献** ···· 177

# 1 绪 论

## 1.1 研究背景及意义

### 1.1.1 研究背景

截至 2020 年年底,我国大陆地区(以下文中数据涉及全国数据均指中国大陆地区,不含港澳台)共有 45 个城市开通城市轨道运营线路 244 条,运营线路总长度 7 969.7 km。2020 年全年共完成建设投资 6 286 亿元,同比增长 5.5%,在建项目的可研批复投资累计 45 289.3 亿元,在建线路总规模达 6 797.5 km,在建线路规模与 2019 年接近,年度完成建设投资创历史新高。由于运营、建设、规划线路规模和投资的跨越式增长,我国城市轨道交通保持快速发展趋势。伴随着我国城市轨道交通建设的步伐,不少城市轨道交通建设逐渐从中心城区向城郊扩张。城市郊区发展相对分散,人口密集区相距较远,站间距较大,因而大多数城市市区与郊区之间的地铁线路为长大区间。

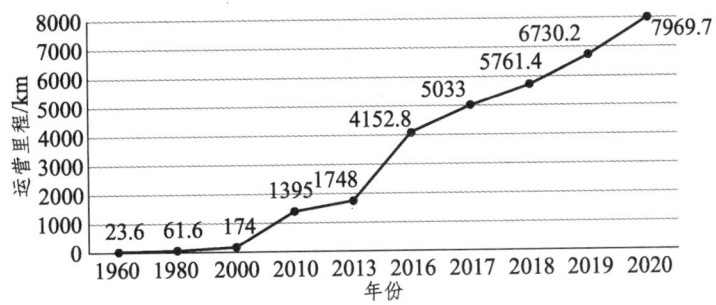

图 1-1  1960—2020 年我国城市轨道交通运营里程

(数据来源:中国城市轨道交通协会《城市轨道交通 2020 年度统计和分析报告》《中国城市轨道交通年鉴(2020)》)

以成都地铁 18 号线为例，18 号线是成都新机场快线，线路起于火车南站，经高新、华阳、天府新区后穿越龙泉山至天府机场，全长约 68.2 km。18 号线一、二期开通运营后，全线共设车站 13 座（因天府机场 3 号 4 号航站楼暂不开放，故在运营的车站为 12 座），其中高架站 2 座（三岔、福田），其余均为地下站，地铁 18 号线线路实景如图 1-2 所示。

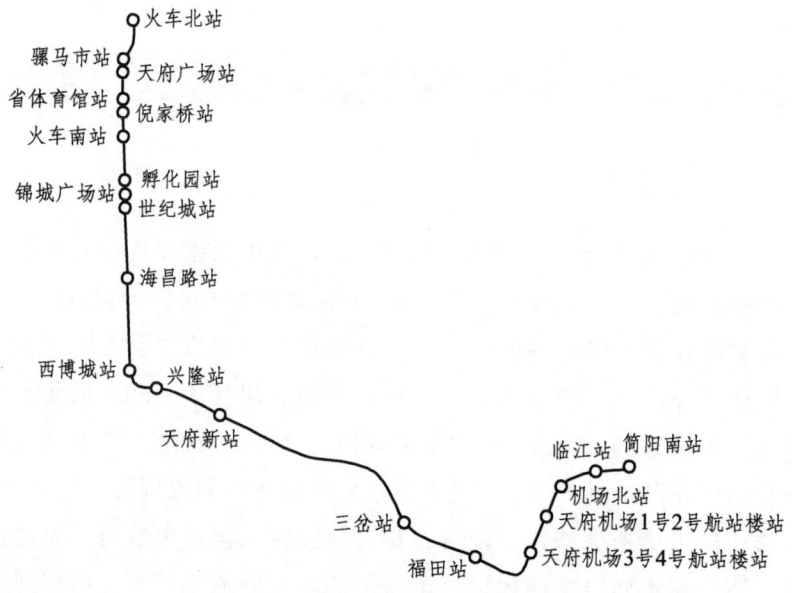

图 1-2　成都地铁 18 号线示意图

成都地铁 18 号线是连接成都主城区、天府新区与天府国际机场的轨道交通快线，是成都轨道交通线网中集市域、远郊快线与机场专线功能为一体的复合线路。其中，西博城站以北以市域快线功能为主，西博城站以东以机场专线功能为主。18 号线预计承担的远期每日客流量将达 34 万人次，高峰断面客流量约每小时 2 万人次，在带动天府新区建设、支持新机场发展以及促进成都区域协调等方面发挥重要作用。18 号线远郊线路周边是较为荒凉的未开发区域，平均站间距比较大，最大站间距 19.16 km，最小站间距 0.94 km，平均站间距 5.56 km，线路存在多处长大区间。全线 3 km 以上的区间有 8 个，具体如图 1-3 所示。

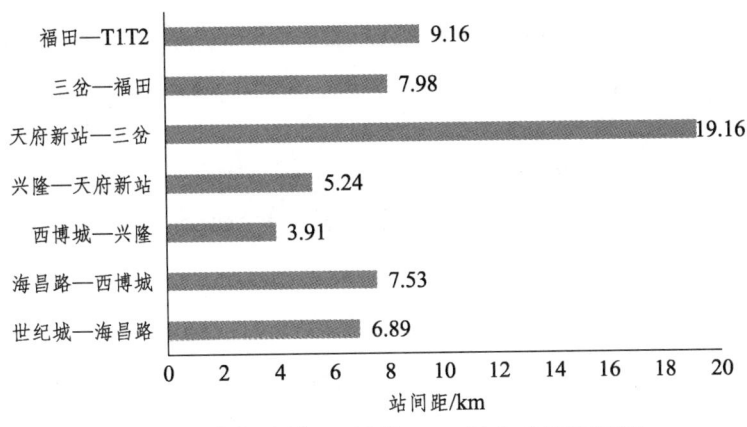

图 1-3　成都地铁 18 号线 3 km 以上站间距区间

作为引领城市发展格局的轨道交通线路建设和运营，其安全问题一直是一个不容忽视的重要部分。首先，位于人口密集地区的城市轨道交通工程，站间距一般不超过 2 km。相对这些一般区间，长大区间内同时存在的列车数更多，造成需疏散的人员数量更多。其次，城市轨道交通区间基本处于地下，环境封闭，如果乘客不能尽快疏散出去，很容易造成乘客出现恐慌情绪和导致二次伤害发生。目前，长大区间线路表现为多样化，影响因素众多，如故障时列车载客量估算、疏散距离长短确定、疏散作业程序和疏散时间标准以及疏散方式的选择、疏散总时间估算、疏散路径等均会导致长大区间的应急救援疏散组织变得更为复杂。关于城市轨道交通长大区间的应急救援问题是目前轨道交通建设以及运营领域一个亟需解决的难题。

## 1.1.2　研究意义

城市轨道交通长大区间救援疏散是一个综合性问题，也是目前国内轨道交通研究领域较为缺乏的环节，可供参考的案例及可获取的运营经验很少。成都地铁 18 号线是具有城际铁路性质的城市轨道交通系统，运营区间较普通城市轨道交通长度大，故本书将以成都地铁 18 号线为例。

目前，国内外对于长大区间缺少统一的判定标准，这给城市轨道交通的设计和运营带来诸多不便，因此本书首先分析了长大区间判定标准，以期为城市轨道交通系统的类似工程设计运营提供依据,避免因标准和制式不统一带来的巨大资源浪费。其次,针对不同类型的突发事件,建立"情景-应对"型突发事件的应急救援理论。研究成果可为城市轨道建设类似工程提供良好的技术支持,为行业相关规范规程的修订、完善提供技术和工程实践依据,为应急预案的制定提供基础理论指导和实际方法指南。

## 1.2 国内外研究现状

国内外研究学者针对城市轨道隧道区间的应急救援做了大量研究,并已经取得丰硕成果。造成城市轨道交通系统只能维持低水平运营或者中断运营的突发事件包括行车和客运突发事件、设备故障、自然灾害等,以下将针对上述不同原因导致的突发事件的应急救援研究现状进行总结。

### 1.2.1 行车突发事件

行车突发事件按事故发生地点的不同可分为正线行车突发事件和车辆基地行车突发事件。造成正线行车与车辆基地行车突发事件的种类很多,各不相同。正线行车突发事件中有列车故障救援、工程车故障救援、列车冒进信号、列车挤岔、列车脱轨、列车倾覆、列车冲突/相撞、列车车厢脱钩、连挂列车脱钩、列车溜逸、乘客紧急按钮报警、站台门或车门夹人/物、列车在站错开车门、客室车门被解锁、人员擅入轨行区、列车撞人、轨行区有异物等 17 个风险点;车辆基地行车突发事件中有列车挤岔、列车脱轨、列车倾覆、列车冲突/相撞、连挂列车脱钩、列车进入无电区、列车撞人、轨行区异物等 8 个风险点。导致这些风险点出现的原因涉及人为误操作、违章操作、设备故障等,各类行车突发事件可能造成列车延误、行车中断、设备损坏、人员伤亡等后果。

目前,国内外学者围绕行车突发事件主要从火灾和其他灾难两个方面进行应急处置研究。在火灾应急处置研究方面,广州地铁集团有限公司的刘海强假设了隧道火灾发生的不同情况，依据现有区间隧道火灾发生处置基本原则，针对广州隧道区间 12 种火灾状态下的通风和乘客疏散方案做了研究[1]；王鑫等人通过选取四种细水雾系统布局工况研究了地铁隧道处于火灾状态下的烟气蔓延以及能见度情况，并利用建模软件对人员疏散进行了模拟，较好地验证了其研究工作的结论[2]；为降低车辆基地突发事件风险，北京建筑大学的周京京针对福州市轨道交通 1 号线新店车辆综合基地运用库进行了消防性能化设计，根据建筑物的实际特点提出了性能化设计的总体目标和性能指标，通过模拟软件模拟得到火灾发生时人员的疏散时间、烟气蔓延的规律、火灾危险来临时间和结构构件的耐火时间等多项结果，为类似建筑的消防性能化设计提供参考和借鉴[3]；方黎应用 FDS 模拟地铁列车火灾在检修主厂房内的蔓延特性，在其研究结果中表明了如果在检修主厂房内按 2 次换气次数确定机械排烟量，其消防安全可以得到保证，同时其通过消防性能化评估的方法，提出安全、可行、经济合理的消防设计方案[4]；杨舜等人采用上盖开发模式的地铁车辆基地灭火系统的设计进行了分析研究，并通过对自动灭火系统的设计选型进行分析，结合规范和实际应用案例，阐述了其具体设计，为类似工程灭火系统的设计提供了参考[5]。在其他灾难条件下的应急处置方面，有学者对遭受恐怖袭击的车辆基地的公共安全隐患以及防范措施进行了研究[6]；针对列车脱轨事故建立了基于分布式多专家系统的脱轨事故分析求解体系，设计了脱轨事故问题推理求解系统，进而对人机交换技术展开研究[7]；也有学者针对列车脱轨展开事故树分析，对可能导致脱轨事故的各种基本原因展开定性和定量分析[8]；司天文则针对列车倾覆事故展开分析，研究了横风作用下地铁列车桥上行车的安全性，首先理论推导了列车临界倾覆时的受力平衡方程，得出了列车车速与横风风速之间的关系[9]。

## 1.2.2 客运突发事件

客运突发事件主要发生在乘客乘坐地铁的过程中，主要包括大客流、客伤、乘客疏散等事故类型，关于该方面的研究成果较多：李冬等在利用 Pathfinder 研究 B 型地铁列车安全疏散性能的基础上展开疏散过程的仿真计算[10]；田鑫等人通过问卷调查，建立基于元胞自动机的人员疏散仿真模型，同时与 Pathfinder 软件模拟人员疏散的结果进行对比，针对影响人员疏散的主客观因素展开研究[11]；杨帆等通过实际疏散演练与 Pathfinder 人员疏散仿真进行对比分析，探讨了各种状况下地铁站台疏散与隧道疏散最优疏散方式[12]；席亚军等利用 PyroSim 软件模拟地铁列车火灾，研究列车火灾发展规律，并根据相关标准，确定火灾发生后的可用安全时间，与实际演练获得的必须安全时间进行对比，研究疏散的安全性[13]；汪志雷等利用计算机模拟地铁列车区间隧道火灾，指出在一般情况下，进站疏散相比于就地疏散更具有效率[14]；北京交通大学的李静婧利用所建仿真模型开展不同火源位置疏散过程的案例研究，比较不同方案的疏散效率和安全性指标，分析制定了最安全快速的通风与疏散协同方案[15]；彭佳湄以南京和燕路过江通道工程为研究背景，提出了在盾构段采用楼梯和滑梯相间布置的方式来疏散人群，通过分析人员安全疏散参数、疏散时间和模拟人员疏散工况，得到隧道内疏散设施的合理关键参数[16]；黄文昕结合国内已有的轨道交通单洞双线类隧道工程特点，对单洞双线类矩形隧道疏散方案进行定性及仿真分析，分析了不同疏散方式、不同疏散间距方案下的疏散效果，推荐合适的疏散方案[17]；刘俐总结了地铁区间疏散中会遇见的常见问题，提出了拓宽疏散平台宽度及道床面与疏散平台的连接方案，探讨了配线区域、非站台区域正线和人防门等处的疏散问题以及应对措施[18]。

### 1.2.3 设备故障

机电系统设备故障包含站台门故障、低压供电设备故障、给排水设备故障、通风空调设备故障、装饰装修设备故障等，各类机电系统设备故障诱发因素包含设备本体故障、人为破坏、误操作等，造成客服质量下降、运营延误、行车中断及人员伤亡等危害。低压供电能导致应急照明装置失效,紧急状态下无法正常使用,人员疏散过程中容易产生恐慌并造成意外事故,长安大学的陈开放依据隧道照明的环境特点,采用基于状态的维修策略,并据此设计开发了隧道照明设备维护管理系统[19]。低压供电同样会导致双电源投切装置失效、失电以 EPS 设备房蓄电池老化、冒酸、短路并进一步造成电池冒烟,从而引发火灾以及引起公众的恐慌,严重时会造成重大灾害事故。

除了设备故障引发的消防问题,区间内部给排水设备、通风空调、装饰装修以及站台门等设备发生一般故障同样会造成区间内人员受伤。华福才针对青岛地区的地质特点和国内地铁相关规范的缺陷,开发适用于青岛地铁车站及区间隧道的安全、可靠、经济合理、耐久性好、可维护的防排水系统,该防排水系统具备多道设防、安全、可靠的特点,同时具备后期运营期间的可维护性[20];胡婷婷结合区间特殊处理地段的结构及道床形式,对特殊处理地段的区间排水进行了系统性分析和研究,并介绍了地铁特殊区间排水工程设计处理方法和相关注意事项,以保证区间排水系统的合理性、安全性[21];牛月峰针对隧道本身地质条件的复杂性,通过制定完整、合理、专业的瓦斯隧道专项通风方案来解决现场通风情况[22];秦小超结合工程案例,分析双竖井、双斜井和斜竖井结合三段式通风设计方案的优缺点,为类似特长隧道通风设计提供了借鉴[23]。

### 1.2.4　自然灾害

随着全球极端气候的频繁出现,给城市的运行安全带来了潜在风险。由于自身建筑特性,轨道交通更易受到自然灾害的影响。一旦发生自然灾害,将造成严重经济损失和人员伤亡。很多学者针对不同种类的自然灾害对城市轨道交通运营造成的影响进行了研究。在众多自然灾害中,地震、暴雨、大雾、重污染、高温以及山体滑坡等都会对列车运行在不同程度上造成影响。其中,内涝灾害被广泛关注,研究内容和结果较为突出。国外的日本学者 DUTTA 最早于 2003 年建立了洪水扩散模型,用于研究地下空间的洪水蔓延特性,深度挖掘出空间进水速度与地面积水深度之间的关系[24]。随着计算机建模技术的不断发展，更多学者建立了数值模型以研究地下空间的内涝灾害问题[25]。目前国内对内涝的研究内容尚少，还处于不断发展的阶段。2018年，朱海燕通过问卷调查与模型建立的方式研究得出了地铁站暴雨内涝脆弱性的概念，并得出暴雨内涝脆弱性不仅与地铁站个体特性有关，更与城市防汛应变能力有关，其中个体结构特性影响关系是最多的[26]；西安建筑科技大学的史悦选取西安某地铁站作为案例，通过对比SWMM模型和简化模型的计算结果验证简化模型的可靠性，同时研发了两种新型的地下空间防涝装置[27]；刘华莉建立了内涝灾害风险分析评估体系，从数值模拟的角度对内涝灾害进行理论分析，同时分析了降雨条件下地铁车站内涝灾害事故的演变过程[28]。

### 1.2.5 研究现状评述

综上所述，目前国内外缺乏专门针对城市轨道交通长大区间应急救援的研究。

（1）关于长大区间的具体判定标准，即对于什么是长大区间，现行规范中并没有给出明确的定义。国际、城际铁路工程中站间距大时为20~30 km，间距小时为5~6 km，长距离的情况比比皆是，但对城市轨道交通线路的"长大区间"鲜有特殊的规定的和要求。尽管在《地铁设计规范》(GB 50157)中提到了针对长大区间的设计要求，但也仅从保证区间排烟的角度进行了规定，即当列车阻塞在区间隧道内时，应保证对阻塞区间进行有效通风，其余设计要求以及救援方案与普通区间的规定一致，并未作特殊要求。

（2）为了更有效应对区间突发事件，提高区间隧道的安全性，现有的研究多围绕火灾类紧急情景展开，而对于一般情景的应急救援提及较少。从对研究现状的总结可知，区间事故有很多种，每种事故类型都具有自身特征以及不同的发展态势，而在突发事件决策中，情景是决策者唯一赖以决策的依据和基础。根据不同情景，对情景发展态势进行预测，由此制定相应的突发事件处置方案，将情景-应对方法作为一种决策模式，建立基于情景应对的方法模型，并在实际案例中加以应用，实现对非常规突发灾害事故的决策支持和有效应对。

（3）长大区间相较于通常的地铁线路具备独有的特点，其非正常情况下的应急救援应具有特殊性，"特殊性表现在哪里"以及"由这些特殊性导致救援疏散方案设计出现哪些不同"是目前需要解决的问题，有必要根据长大区间自身的运行特点和风险特征进行全面的研究。

## 1.3 项目研究目标与研究内容

### 1.3.1 研究目标

本书仅以成都地铁18号线作为具体案例，综合采用理论分析与计算机模拟相结合的方法，对长大区间应急救援进行初步研究。在探索城市轨道交通长大区间定义标准的前提下，结合长大区间建筑特点以及相应设计原则，给出合理的疏散通道以及应急设施设计方案，并在此基础上构建事件驱动的情景类型，并给出分类标准，依据事故分类，对一般情景和紧急情景下的人员疏散和火灾演化过程开展系统的研究和分析。旨在提高突发事件下的人员应急响应速度，保障人员安全，完善长大区间防灾救援理论与方法，推动轨道交通建设朝着更安全、更快捷方向发展。

### 1.3.2 研究内容

本书主要研究内容包括：

（1）目前，国内外尚无相关规范或指南对长大区间定义做出明确规定。本书将在分析区间紧急救援流程、救援时间的基础上，结合长大区间行车组织特性，对长大区间的定义和判定标准进行深入探讨。

（2）结合长大区间建筑特点及相应设计规范，通过理论分析与数值模拟相结合的方式，给出长大区间疏散通道及应急设施的设计方案。

以成都地铁18号线工程天府新站—三岔站为例，对发生火灾最不利位置的列车就地疏散情况进行分析研究。利用 PyroSim 软件建立火灾情况下的区间模型，同时利用 Pathfinder 仿真软件建立区间人员的疏散仿真模型，通过分析实验数据，得到对应工况下人员的安全时间。最后通过数理统计方法对可用安全时间与必须疏散时间进行分析，分析得出最优联络通道间距、宽度以及其他设施布置方案。最后，提出了带缓冲区的城市轨道交通隧道区间联络通道设计方法。一旦列车在城市轨道交通隧道内因突发事件无法继续行驶，车上乘客需经隧道内的疏散平台和联络通道疏散到安全区域。因隧道内联络通道宽度小，能够容纳的乘客数量有限，为降低人员在疏散平台上的等候时间，提高乘客乘坐的安全性，在疏散平台与联络通道连接区域设置扩大的平台区，并设置单独的防烟分区和防排烟设施，用于临时容纳由疏散平台疏散的乘客，为其提供进入联络通道疏散到相邻安全隧道的等候区。

（3）基于上述基础构建事件驱动下的情景分类标准，探索长大区间一般情景及紧急情景下的应急处置措施，进而提高灾难下人员的应急响应速度与疏散效率。

通过国内外研究现状可知，行车和客运突发事件、设备故障以及自然灾害等都可能造成列车区间运行故障。首先，不同事故造成的影响不同，依据事故严重程度，制定情景分类标准，按照该标准将灾难类型划分为一般情景和紧急（严重）情景两类。其次依据事故分类，对一般情景和紧急情景下的人员疏散和应急救援开展系统的研究和分析。而对一般情景和紧急情景而言，其应急处置措施一般是不一样的。为有效展开突发事件下的应急救援，需分情景应对灾害并制定应急处置措施。一般情景下，对乘客转运、疏散的时间需求和能力保障方面进行一般分析。紧急情景下，仅考虑针对火灾的紧急情况，从两方面开展模拟分析，一是火灾演化过程，二是人员疏散。火灾模拟构建不同场景，考虑火灾发展速率、通风条件、防排烟设施工况等主要因素的排列组合；人员疏散考虑不同场景下人员组成、疏散设施、疏散策略等主要因素的排列组合。最后，在行车组织层面探索救援措施，争取实现"情景驱动、平急结合"的发展趋势。

### 1.3.3 技术路线

本书主要侧重于对火灾模拟、人员疏散以及客运组织方案的研究。主要包含三个方面的内容：

（1）长大区间定义：现有城市轨道交通长大区间尚无明确定义，从应急救援风险以及突发事件下的运输组织视角下给出长大区间定义，有助于在设计和运营阶段制定科学合理的应急规划。

（2）设施设备设计：通过现有设计原则与理论指导长大区间疏散点位、联络通道的合理布局。

（3）区间应急处置：应急处置方案的编制亟需理论支持，本书分一般情景和紧急情景的应急处置展开研究。

图 1-4 是本书的研究技术路线图。

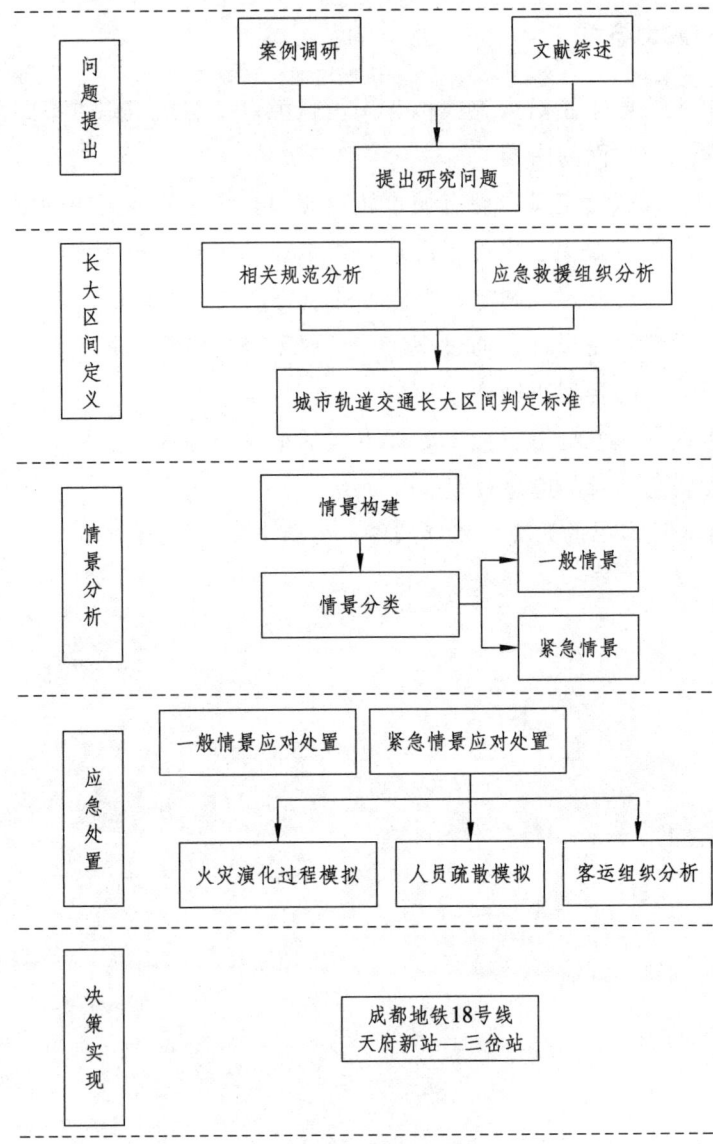

图 1-4　技术路线图

# 2 城市轨道交通长大区间定义

## 2.1 相关研究现状分析

随着我国城市化进程的加快,城市建设范围从中心逐渐向郊区扩展。由于郊区人口密度较低,站间距往往大于常规地铁线路,涌现出越来越多的长大区间。由于长大区间较常规区间在救援流程、救援模式、救援策略以及工程建设等方面更加复杂,因此,如何合理地判定区间为长大区间对提高应急救援响应速度尤为重要。

目前,国内外没有规范或者指南对城市轨道交通长大区间作出专门的定义,如地铁设计规范中尽管针对长大区间的设计提出了要求,但是对于什么是长大区间没有给出明确定义[29,30]。也有学者试图对长大区间进行定义,一是站在距离长短的角度进行定义,如史柯峰等认为长度为1.5 km 以上的区间可看作是长大区间[31];赵阳认为站间距超过 2 km 的区间属于长大区间[32];孙涛等认为站间距超过 3 km 的区间为长大区间,该类区间内列车运行时间长,同一区间内会同时存在两列或多列车[33];张学兵等认为目前南京地铁网城际线路区间长度大于 3 km 的为长大区间。[34]二是站在区间列车数量的角度进行定义;姜传治认为区间内同时存在两列车可以作为长大区间的判断标准[35];王琛琛提出了同一区间内存在3 列车或以上列车时,区间为长大区间[36]。但是,以上文献均未给出具体解释,对长大区间的救援与常规区间的要求一致,并无特殊要求,没有反映出长大区间的特殊性。

常规区间同一区间内同时运行 1、2 列车是正常的,而长大区间较常规区间更易出现同一区间内多列车追踪运行的情况。因此,当列车在长大区间发生紧急事故(本书涉及的紧急事故为列车在区间发生火灾、爆炸等危及生命安全的事故，且事故列车失去动力无法动车），乘客疏散时间更长，列车运行组织更加复杂。本书以成都市轨道交通18号线为例，研究在紧急状态下如何开展列车救援，从救援流程和疏散时间出发，对长大区间的定义进行探讨。

## 2.2　长大区间应急救援特点

长大区间是大站间距与城市轨道交通自身特点结合的产物。在突发事件发生时，长大隧道区间内部应急救援工作难度更大，乘客危险系数更高，其所需的安全保障技术要求也会更高。长大区间除了具有一般区间所具有的应急救援特点外，还具有其自身的特点，而城市轨道交通所具有的大运量、高频次、公交化运营、事故影响面大等特点是其出现的根本原因。

### 1. 人员疏散更困难

长大区间并行列车数量多，乘客数量大，人员逃生条件差，相对于常规区间更易发生事故和灾害，在发生事故灾害的条件下进行人员疏散难度更大。地铁列车客流量大、地铁隧道一般不允许人员进入，如果发生火灾等紧急事件，正常电源将被切断，乘客主要通过消防应急照明和疏散标志指示灯寻找安全出口以及联络通道入口进行逃生，逃生途径少，直通地面设施少，出口不足，隧道区间长度过长，疏散人员的心理压力更大。另外，突发事件也有可能导致通信设施的失效，阻断与外界的联系，救援人员很难深入现场进行救援，从而失去最佳时机，同时，考虑到可利用安全疏散时间一般较短，大量客流的有序疏散难度较大。

### 2. 应急救援难度更大

常规区间同一区间内同时运行1、2列车是正常的，而长大区间较常规区间更易出现同一区间内多列车追踪运行的情况。长大区间的主要表现为当列车在区间发生灾害时，容易威胁到其他列车安全，当区间需要紧急疏散时，乘客到达车站或出地面需要走行更长的距离。另外，由于线路和车站上存在大量正常运营的列车，存在救援列车很难在短时间内接触故障列车，故障状态下列车不易清理等问题。

3. 突发事件下运输组织能力要求更高

根据突发事件影响的对象不同，线路状态和移动设备属性会随之发生变化。如当故障列车运行速度缓慢时，长大区间内易出现列车"排队"现象，影响正线运行。当列车失去动力需在区间组织疏散时，更多的后方列车需要折返。如果由于火灾、自然灾害等造成线路中断，整个运营网络拓扑结构将发生改变。突发事件的影响使得运输组织系统所处的运营环境变得更加复杂。另外，由于长大区间线路地理位置分布较为特殊，周边环境多为远郊，相较于市区，突发事件下的乘客转运难度较大，应结合运输组织理论采取合理的运输方式，保障其具备一定的通行能力。

## 2.3 紧急救援运输组织分析

### 2.3.1 紧急救援流程分析

当列车在区间发生紧急事故时，考虑最不利情况，事故列车乘客无法步行至车站进行疏散。由于长大区间往往距离较长，乘客走行时间长，容易造成恐慌，应尽快采取措施将乘客疏散至地面，本文仅考虑列车接驳救援的疏散方式。首先，由司机组织列车紧急疏散，将乘客疏散至邻线区间。司机报告行调，行调接报后扣停后续及邻线列车，防止上下行列车进入紧急疏散区间。鉴于紧急疏散的急迫性，保证司乘人员的生命安全是首要准则，发生火灾等紧急状态时，区间紧急疏散方向前行列车不受影响，继续运行至前方车站；后续列车按照折返模式返回后方车站清客。邻线区间内列车限速运行至前方车站。邻线后方车站组织空车（清客载客列车或者备用列车）从邻线后方车站出发前往事故点进行接驳疏散，紧急救援流程示意如图 2-1 所示。

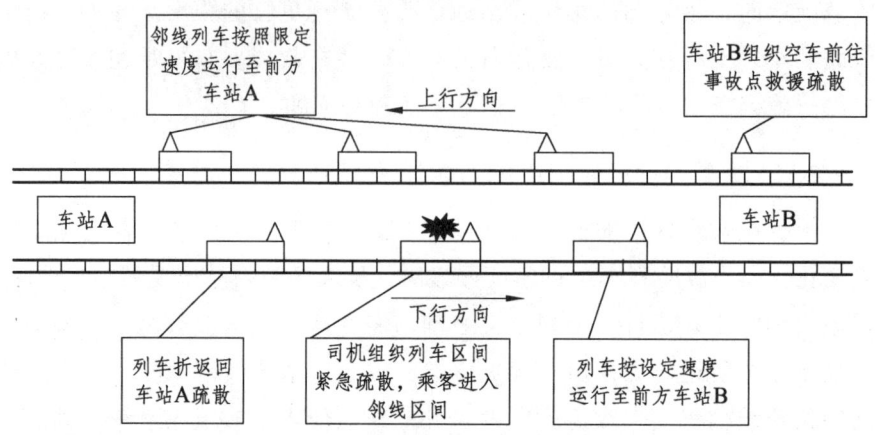

图 2-1 列车区间紧急疏散流程

## 2.3.2 紧急疏散时间分析

地铁长大区间实际疏散过程中，列车不同疏散方式紧急疏散时间差别不大。以图 2-1 为例，紧急状态下、上行列车需按照限速 $v_{限}$ 运行至前方车站 A，最不利条件为最后一列车刚出发，区间内走行时间最长，如表 2-1 所示。设区间长度为 $L$，不考虑启停附加时分，走行时间 $T_{走行}=\dfrac{L}{v_{限}}$。此外，B 站组织的救援列车按照救援速度 $v_{救}$ 到达事故点，组织乘客上车，上车时间为 $T_{上车}$。待所有乘客上车后，救援列车按照救援速度到达车站 A 进行清客，清客用时为 $T_{清客}$。所有乘客总的疏散时间 $T_{总}$ 可以表示为

$$T_{总}=T_{走行}+T_{救援}+T_{上车}+T_{清客}=\frac{L}{v_{限}}+\frac{L}{v_{救援}}+T_{上车}+T_{清客} \quad (2-1)$$

实际上，对于 $v_{限}$ 和 $v_{救}$ 的取值车站均有具体规定，$T_{上车}$ 和 $T_{清客}$ 时间相对固定，可以近似为常数。由公式（2-1）可知，所有乘客总的疏散时间为区间距离的正比例函数。

表 2-1　最不利情况下列车相对位置

| 同一区间内同向列车数/列 | 最不利情况下列车相对位置 |
| --- | --- |
| 2 | 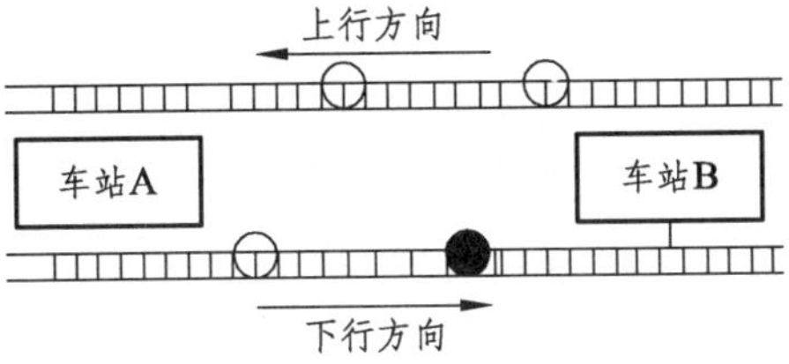 |
| 3 | 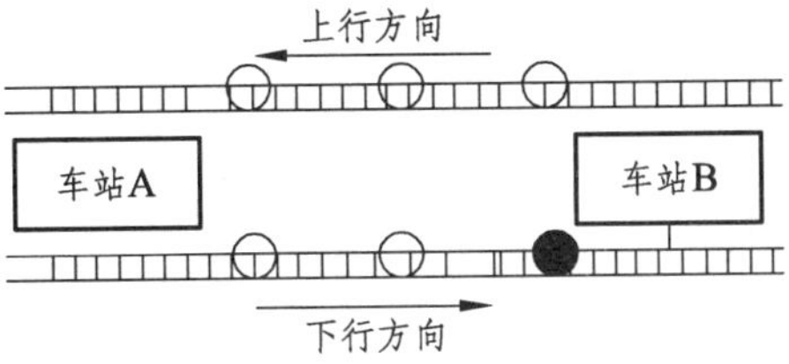 |
| 4 | 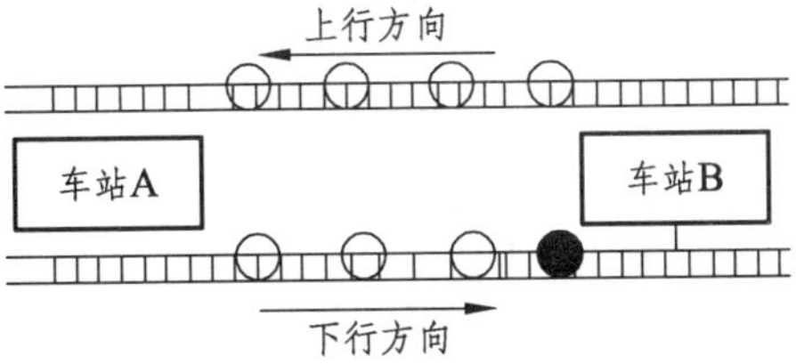 |

注：○表示正常列车，●表示事故列车。

## 2.4　城市轨道交通长大区间定义

从距离长短的角度来看，区间越长，救援疏散所需时间越长，救援时间可以近似表示为区间距离的一次函数关系。但是，单单从距离长短的角度对长大区间进行定义并不能反映长大区间运输组织的特殊性。站间距长仅仅是长大区间的表象，更主要是由于城市轨道交通高频次、公交化的运营模式带来的长大区间救援疏散的复杂程度。

长大区间内同时存在列车数越多，折返和下行方向到达车站 A 的列车就越密集（如图 2-1 所示），给车站 A 运输组织和乘客疏散带来更大压力,同时容易造成列车在区间堵塞。考虑到列车在车站堵塞带来的行车组织的复杂性,本书对长大区间做出如下定义。

长大区间定义:同一时刻单向存在三列或三列以上列车的区间为长大区间。

本书未将距离长短作为长大区间的判定标准,这是因为不同地区不同线路的列车运行速度和行车间隔不同,同一距离区间内存在不同的行车工况。从同一区间内存在列车数角度定义,更能体现区间与列车位置的相对关系。同时,距离作为隐藏因素反映在区间列车数中,毕竟同等条件下,区间越长,同一区间内同时存在的列车数就越多。从列车数的角度定义长大区间更能适应不同线路不同工况的灵活性。

根据上文对长大区间的定义,区间内同时存在三列车的最小区间长度可表示为

$$S_{最小} = \frac{3L_{列车}}{1\,000v_{旅}} + \frac{I_{最小间隔}v_{旅}}{30} \qquad (2-2)$$

式中:

$S_{最小}$——区间内同时存在三列车的最小区间长度(km);

$L_{列车}$——列车总体长度(m);

$v_{旅}$——列车区间旅行速度(km/h);

$I_{最小间隔}$——列车运行最小追踪间隔(min)。

以成都地铁 18 号线为例,18 号线一二期开通运营后,全线共设车站 13 座(天府机场 3 号 4 号航站楼暂不开放,即运营车站 12 座),其中高架站 2 座(三岔、福田),其余均为地下站。成都市轨道交通 18 号线如图 2-2 所示。

18 号线最大站间距为天府新站和三岔站之间,长达 19.29 km。平均站间距为 5.56 km,全线 3 km 以上的区间共计 8 个,5 km 以上的区间共计 6 个,如表 2-2 所示。按照列车最小追踪间隔 2 min 计算,最长区间高峰单向区间内最多 5 列车追踪运行。18 号线采用 8A 编组,最大载客量达到 2 958 人,车长 187 m,列车设计最高速度 140 km/h,预留 160 km/h 运行条件。

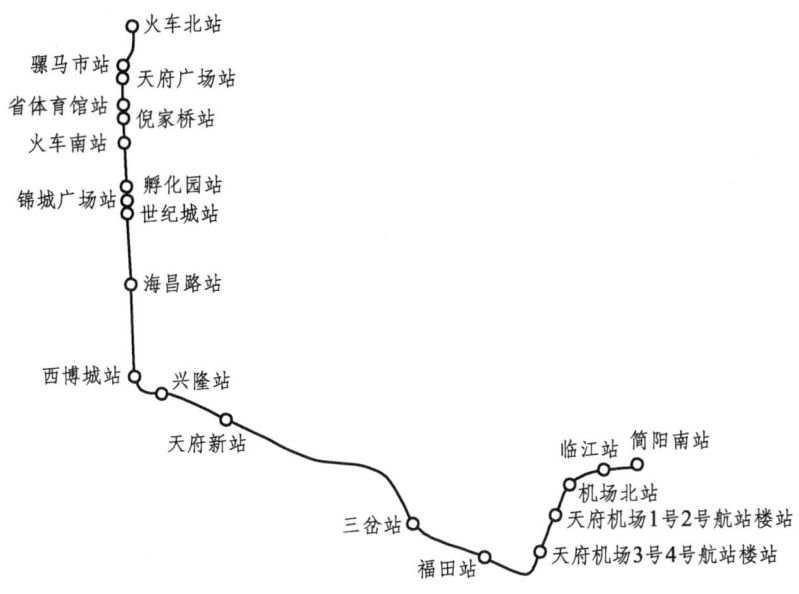

图 2-2　成都市轨道交通 18 号线示意图

根据 18 号线列车运行图和公式 2-2 的计算便可知哪些区间为长大区间，计算结果如表 2-2 所示。当列车最小追踪间隔为 2 min 时，长大区间有 4 个。当追踪间隔为 3 min 和 4 min 时，长大区间均只有一个。当追踪间隔时间大于 4 min 时，长大区间数为 0，即该方向没有区间同时存在 3 列车及 3 列车以上的情形。按照 18 号线目前开通运营的运行间隔 7 min 计算，所有区间均不是长大区间。从表 2-2 中也可以看出，同样的站间距和旅行速度，列车行车间隔不同，工况不同，长大区间的范围也不同。

表 2-2　成都地铁 18 号线区间（下行方向）

| 序号 | 区间 | 站间距/m | 区间运行时间/s | 是否长大区间 | | | | | |
|---|---|---|---|---|---|---|---|---|---|
| | | | | 最小间隔 2 min | 最小间隔 3 min | 最小间隔 4 min | 最小间隔 5 min | 最小间隔 6 min | 最小间隔 7 min |
| 1 | 火车南站—孵化园 | 3 055 | 148 | — | — | — | — | — | — |
| 2 | 孵化园—锦城广场东 | 955 | 71 | | | | | | |
| 3 | 锦城广场东—世纪城 | 1 583 | 89 | — | — | — | — | — | — |
| 4 | 世纪城—海昌路 | 6 944 | 267 | 是 | — | — | — | — | — |

续表

| 序号 | 区间 | 站间距/m | 区间运行时间/s | 是否长大区间 | | | | | |
|---|---|---|---|---|---|---|---|---|---|
| | | | | 最小间隔 2 min | 最小间隔 3 min | 最小间隔 4 min | 最小间隔 5 min | 最小间隔 6 min | 最小间隔 7 min |
| 5 | 海昌路—西博城 | 7 584 | 285 | 是 | — | — | — | — | — |
| 6 | 西博城—兴隆 | 3 966 | 180 | — | — | — | — | — | — |
| 7 | 兴隆—天府新站 | 5 332 | 158 | — | — | — | — | — | — |
| 8 | 天府新站—三岔 | 19 285 | 577 | 是 | 是 | 是 | — | — | — |
| 9 | 三岔—福田 | 7 985 | 296 | 是 | — | — | — | — | — |
| 10 | 福田—T1、T2 | 9 220 | 325 | 是 | — | — | — | — | — |
| 11 | T1、T2—机场北站 | 2 653 | 126 | — | — | — | — | — | — |

注：—表示否。

## 2.5 本章小结

本章在分析救援流程、救援时间和后续堵塞列车疏散复杂性的基础上，对城市轨道交通长大区间定义进行探讨。作者认为从区间单向同时存在列车数的角度定义长大区间，更能反映非正常情况下长大区间的行车组织特性。当然，区间距离很长时，由于行车间隔等因素，虽然区间不能同时存在三列或三列车以上，但是救援时间很长且超过一定范围，也应考虑将此区间定义为长大区间。目前，国内外尚无相关规范或指南对长大区间救援时间做出明确规定或提出建议。作者将在以后的工作中结合区间疏散时间和行车组织特性，对长大区间进行更深入的研究。

# 3 事件驱动的情景构建与分类

## 3.1 事件驱动的情景构建概述

城市轨道交通长大区间突发事件可能会造成运营中断，甚至导致人员伤亡和带来经济损失，研究城市轨道交通长大区间突发事件的应急处置是十分具有现实意义的。突发事件具有一定的情景依赖性，"情景-应对"模式对突发事件具有很好的效果。"情景-应对"模式是指对突发事件的情景进行分析，根据其关键要素构建一个相应的情景模型。因此，情景构建是"情景-应对"模式的基础。

### 3.1.1 突发事件的定义及特征

突发事件是指社会罕见或没有经历的，人类对其演化规律和处置经验都比较缺乏的事件。它们通常突然发生，很可能会造成巨大的社会危害，使人民的生命财产受到损失，从而需要采取相应的应急处置措施予以应对。突发事件具有突发性和不可预测性，所造成的危害具有高度的动态和不确定性。

突发事件与一般的事件具有本质的区别，其根本原因在于它具备以下几个特征。

1. 突然性和信息的高度缺失性

突发事件具有很大的意外性，无论是从它的发生、演化及过程中都能体现突然性。人类由于缺乏足够的知识去获取突发事件可能出现的状态，所以很难在突发事件的最初阶段制定迅速而有效的营救策略。

### 2. 危害性及蔓延性

突发事件往往是在一定的范围内爆发较大的灾害事件，它们通常会带来比较大的财产损失、人员伤亡或者一些其他的社会问题。面对这样的危害，如果不能够保证在较短的时间内处理好此类问题，就会大范围迅速蔓延开，同时会衍生出更为严重的次生灾害。

### 3. 主体规律性

突发事件的发生虽然具有很大的意外性，但是突发事件遵循一定的客观规律：从发生、演化、衍生到平稳、消减。因此可以根据各种类型的突发事件内在机理的研究，总结出经验，总结规律，提出相应的营救策略。

### 4. 多范畴性

突发事件可能会引发多种灾害，并且其中一些灾害的发生可能会引发次生灾害，有时候会涉及多个领域、部门、行业和学科。如突然而来的严重冰雪灾害事件，就会引发一系列灾害效应：突发的冰雪自然灾害事件造成高速公路封路、空港关闭、列车停开，整个交通行业均处于瘫痪停滞状态，最终造成大批旅客滞留。

### 5. 可控性

随着科学技术的迅速发展，人类对自然灾害突发事件的控制程度已显著提高，减少了同等规模和破坏性的自然灾害对人类的伤害。应急决策者可以采取有效措施来阻止这类突发事件的发生，可以有效缩短突发事件的周期，减少突发事件造成的损失，降低突发事件给社会带来的不良影响。

总之，突发事件的处置工作就是对突发事件的本质属性初步判断了解和掌握一定的情况下做出迅速的反应，协调各领域和应急资源，依据突发事件阶段性处置救援结果和演化规律来动态调整救援方案，采取合理、有效的救援策略，从而有效控制突发事件。

## 3.1.2 突发事件的应急处理流程

城市轨道交通发生突发事件后,需要按照一定的流程进行应急处理。按照各个部门工作处理流程,梳理出事故报告、事故评估、方案设计、实施救援、调整方案和完成救援这一流程。

1. 事故报告

突发事件发生,现场人员需要第一时间上报事件信息,线网指挥中心及时、全面收集并处理事件信息,分析事件特征,快速制定应急处理方案[3]。事故报告的内容包括:

(1)事故发生的时间、地点、所属线路。

(2)事故发生的大致原因。

(3)事故带来的影响:出现行车中断时间、人员伤亡、设备损坏等情况。

事故报告的信息应当随时、及时更新,避免消息的遗漏或者缺失。

2. 事故评估

根据突发事件的上报信息,提取突发事件的重点特征和关键环节,对突发事件可能导致的后果进行预估。事故评估的内容包括:

(1)事故等级:根据事故信息,预估事故的发展态势,并初步判定事故的等级。

(2)事故救援预估:预估事故的影响范围,预估需要涉及的应急组织、救援方案、救援时间等。

3. 方案设计

结合事故等级,在事故库里寻找最相近的事故案例,借鉴该事件的处理方案,并结合事故的特点,制定出应急救援方案。

4. 实施救援

各个部门在线网指挥中心的组织下,相互配合,执行应急救援方案。

5. 调整方案

突发事件随着事件、空间的转变，事件的特征会相应变化，甚至导致的后果也会变化，因此，需要根据事件的发展需求，随时调整应急救援方案，才能取得更好的救援效果。

6. 方案后评估

完成救援后，需要对应急救援方案进行评估，主要评估以下内容：

（1）救援时间：从救援开始到救援结束所需要的时间，救援时间的长短对救援效果起到了决定性的影响。

（2）人员及物质投入：救援过程投入的人员数量和物质数量，涉及的应急组织部门。

（3）救援效果：在同样的人员伤亡和行车中断的前提下，救援时间越短、投入的人力物力越少，救援效果越好。

得到评估结果后，再将本次事故纳入案例库，作为后续应急处理的参考，突发事故的应急处理流程如图3-1所示。

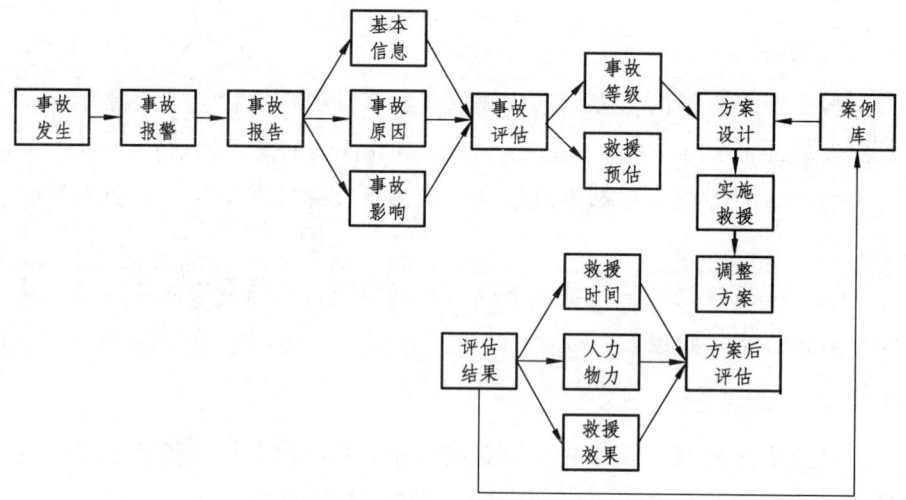

图 3-1　突发事件的应急处理流程

突发事件的应急处置，既要结合实际情况，也要参考相似案例，构建突发事件的框架体系，可以更好地梳理出突发事件的应急处理流程。

根据框架制定相应的应急处理方案。可以将情景构建作为突发事件的框架体系，不同的情景对应不同的应急处理方案，情景转变后，应急处理方案也需要做相应的调整。

### 3.1.3 情景的定义与要素分析

1. 情景的定义

城市轨道交通突发事件应急决策中的情景可以理解为事件发生和发展的态势，是在分析事件当前状态的基础上对未来发展趋势的描述[1]。可以将"态"作为情景的内部状态参数，将"势"作为其输出参数，其输入参数则为应急决策主体实施的具体措施或驱动状态参数变化的其他因素。

情景的结构和内容影响着城市轨道交通突发事件各个阶段任务的完成。应急响应的处置措施会因为突发事件的类型发生改变，但是突发事件的情景应该有共同的框架结构，这样才能保证在同样的情景框架下，不同的突发事件对应不同的措置措施，提升应急处置的规范性、效率性与安全性。搭建情景框架，是为了进行情景构建，情景构建需要明确情景要素，情景要素是情景的核心内容，也是情景构建的重要组成部分。情景要素是指对城市轨道交通突发事件的主观措施和客观发展情况起到支持作用的因素。情景要素主要包括致灾因子、承载体、孕灾环境、应急组织、处置行动、驱动要素。六个情景要素的关系可以大致概括为在孕灾环境下，致灾因子作用在承灾体上，应急组织采取必要的处置行动，驱动要素促使情景进行转换。

情景要素可以分为确定性要素和不确定性要素。不确定性要素对情景的驱动难以把控，因此，需要对突发事件进行详细的分析，充分认识突发事件的规律性，尽量减少不确定因素，才可以构建出更为合理、准确的情景。

2. 基于事件驱动的情景要素分析

突发事件的类型不同，情景的组成要素也会不同，分析情景要素是情景构建的前提。

（1）致灾因子。

致灾因子是指直接导致灾害发生的因素。灾害发生的原因很多，可以归结为以下四个方面：人、设备、环境、管理，简称为人机环管。与人有关的因素包括司机误操作、维修人员责任不到位、乘客故意破坏等；与设备有关的因素包括信号设备故障、线路故障等；与环境有关的因素包括：洪灾、地震、瓦斯浓度等；与管理有关的因素包括规章制度不健全、工作流程不规范等。管理，是将人、设备、环境进行有机统一的一种方式，很多时候，无法将某一事件的致灾因子归结在人、设备、环境的某一个方面，而是归口于管理。

（2）承灾体。

承灾体是指各种致灾因子直接作用的对象。城市轨道交通承灾体包括：线路、列车、旅客等。承灾体的状态发生改变，标志着事件发生或者发展。

（3）孕灾环境。

孕灾环境是指致灾因子和承灾体所处的环境，包括自然环境和社会环境。

（4）应急组织。

应急组织即城市轨道交通应急过程中参与决策的主体，根据职级的不同，可以分为三大类：线网指挥中心、运营分公司、其他部门及下属单位。

（5）处置行动。

处置行动是针对突发事件，应急组织采取的一系列应对措施。处置行动，是针对突发事件的发生原因、等级等因素，采取的综合性应急救援方案。

（6）驱动要素。

驱动要素是指对情景转换起主导作用的影响元素。事件可以作为驱动要素，使得不同情景之间可以进行转换。例如，城市轨道交通的区间列车火灾事件和车站客流拥挤事件，发生这些事件的致灾因子、承灾体、孕灾环境不同，参与决策的应急组织、采用的应急处置也会有所差异，情景进行了转化，因此，事件可以作为情景构建的驱动要素，本文将基于城市轨道交通应急事件驱动进行情景构建。

情景要素之间的关系如图 3-2 所示。

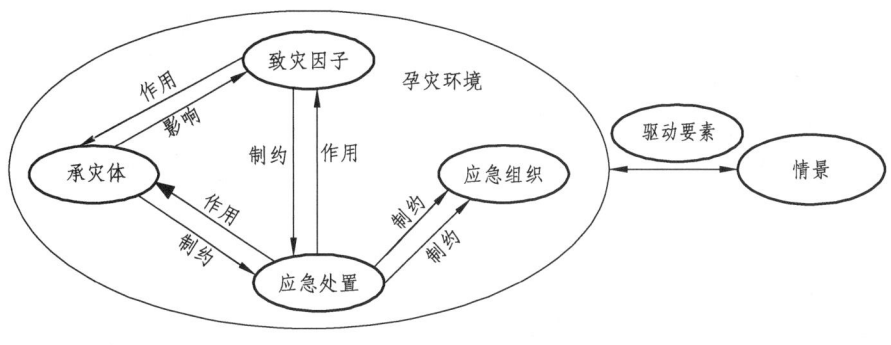

图 3-2　情景要素关系

## 3.1.4　突发事件情景构建方法

突发事件情景构建，就是分析突发事件的特征，得到突发事件的共性与规律，因此，情景是对性质基本相似的事件和风险的统一表征。突发事件情景构建方法的三个主要步骤如图 3-3 所示。

1. 第一阶段：资料收集与分解

案例库里的情景，来源于对资料的收集与整理，通常收集的资料包括：一是发生在本国内的常规突发事件和非常规突发事件，发生的时间是在最近的 10 年或 10 年以上，对于这些突发事件中的情景、相关决策以及产生的后果和经验教训具有详细的描述；二是其他国家地区是否有典型的突发事件发生，并对其相关资料进行收集；三是根据自然环境和社会环境发生的变化情况和发展趋势，采用先进的信息技术进行预测其可能发生的、具有重大威胁的突发事件风险，包括风险的来源和类型等[2]。

2. 第二阶段：收敛与评价

以突发事件为中心，对收集的资料进行收敛与评价。突发事件的资料越多,工作难度越大,因此,一般借助先进的技术手段,分析突发事件的信息。主要是对每一种突发事件的特征进行分析,了解突发事件的发展过程与带来的后果,梳理出突发事件之间的关联性与异同点,对潜在的威胁和风险进行评估。

3. 第三阶段:集成与描述

按照突发事件的特征,对突发事件的优先顺序进行排列,确定事件的重要度和进行优先顺序排列,然后筛选出突发事件中最少数和共性最优先的若干个事件情景,进行情景规划。突发事件情景构建流程如图3-3所示。

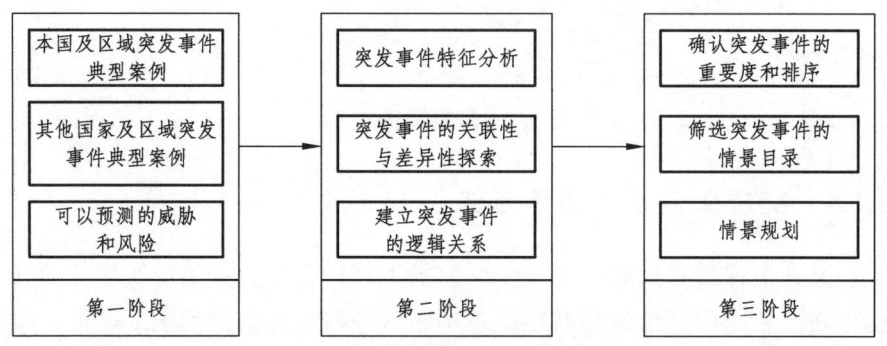

图 3-3　突发事件情景构建流程图

突发事件的情景构建的关键在于:搜集大量的突发事件,总结事故特征,进行突发事件的分类,最后进行各类突发事件的情景构建。情景构建为突发事件的应急处理奠定了基础。

## 3.2　城市轨道交通突发事件情景分类

### 3.2.1　城市轨道交通突发事件分类依据

城市轨道交通系统是一个复杂的系统,集多种学科、多种专业和多种工种于一身,因此,发生的突发事件种类也很多。导致城市轨道交通突发事件发生的因素多种多样，各个因素之间相互影响，一旦发生运营事故，带来的后果也是多种多样，损失统计很复杂。如何提前防范，掌握城市轨道交通突发事件发生的规律性，全方面发现运营风险，进行人为干预，从而减少运营事故，是目前城市轨道交通行业十分关注的问题。根据不同的划分标准可以将城市轨道交通运营事故分成不同的类型。

1. 按照事故等级分类

（1）国家标准地铁事故等级划分。

《地铁运营安全评价标准》（GB/T 50438—2007）中，从人身伤亡、经济损失和行车事故三个方面入手，将城市轨道交通突发事件分为特别重大事故、重大事故、大事故、险性事故和一般事故。具体划分标准如表 3-1 所示。

表 3-1 国标城市轨道交通突发事件等级划分一览表

| 等级 | 人身伤亡 | 经济损失 | 行车事故 |
|---|---|---|---|
| 特别重大事故 | 死亡 30 人及以上 | 1 000 万元以上 | — |
| 重大事故 | 死亡 3 人以上或重伤 5 人以上 | 500 万元以上 | 中断行车时间 $t \geq 180$ min |
| 大事故 | 死亡 1~3 人或重伤 3 人以上 | 100~500 万元 | 中断行车时间 $60 \text{ min} \leq t \leq 180 \text{ min}$ |
| 险性事故 | — | — | 列车冲突、脱轨、分离或运行中重要部件脱落；列车冒进信号、擅自自退行或溜车；向占用闭塞区段发车；列车错开车门、夹人走车、开门走车或运行中开启车门；线路或车辆超限界 |
| 一般事故 | 重伤 1~2 人 | 1 万元及以下 | 中断行车时间 $0 \text{ min} \leq t \leq 20 \text{ min}$ |

（2）成都地铁运营有限公司内部事故处理划分。

以国家标准划分为基础，成都地铁按照人身伤亡、事故（事件）经济损失及对生产造成的影响和危害程度，将事故等级划分为特别重大事故、重大事故、较大事故、一般事故、险性事件、一般事件、事件苗头等七类。

2. 按照事故原因分类

根据导致事故发生的原因可以将城市轨道交通运营事故划分为四大类，即：人为因素、设备设施因素、环境因素和管理因素。其中，设备设施因素分为车辆原因、供电原因、机电原因、通信原因和车站设施原因等。

3. 按照事故发生地点分类

根据列车运行的空间走向可知，运营事故按照发生地点的不同可以分为三类：车辆段、区间和车站。其中，车站分为换乘站和一般车站。

突发事件导致的生命财产损失、运营中断等后果，直接关系着突发事件的等级，对应急救援起着关键影响；同时，事故原因和事故发生的地点，往往会导致事故等级不同。因此，需要深入研究突发事件的原因、发生地点、后果等因素，综合分析突发事件的发生机理，构建出更加完善、科学的情景模型。

### 3.2.2 城市轨道交通突发事件统计

1. 国内运营突发事件统计分析

（1）国内运营突发事件的原因分析。

收集国内近10年的突发事件，按照突发事件的等级分类标准，对国内地铁运营事故等级进行统计分析，分析的结果如表3-2所示。

表3-2 国内部分城市运营事故等级统计表

| 等级 | 重大事故 | 大事故 | 险性事故 | A类一般事故 | B类一般事故 | C类一般事故 |
| --- | --- | --- | --- | --- | --- | --- |
| 百分比/% | 10.88 | 7.51 | 12.69 | 18.65 | 22.28 | 27.99 |

国内地铁运营事故发生的百分比与运营事故等级基本符合负相关关系，每类事故的发生原因如下：

① 一般事故的发生比较分散，主要有信号故障、列车故障、牵引故障、制动故障等。这些故障的严重程度不同会导致列车中断时间不同，

从而对应的一般事故的级别不同，总体而言，列车中断运营 10 min 以内的事故居多，即 C 类事故发生次数较多。

② 险性事故中，供电设施发生故障导致列车停运时间较长的情况居多。

③ 大事故和重大事故中，乘客跳下站台受伤或者身亡、恶劣天气导致列车长时间无法正常运营以及机电设备（电梯逆行）发生故障造成人身伤亡等情况的发生概率较低。

（2）国内运营突发事件的空间特征。

运营事故发生的地点主要为：车站、区间、车辆段。在地铁运营过程中，车站内发生的事故所占比例最高，为 54%，其次是区间，所占比例为 45%，车辆段内发生事故所占的比例最小，为 1%。对主要原因的分析如下。

① 车站，是一个人机密集接触、设备频繁运转的场所。拥挤的人群、电扶梯的非正常运转、屏蔽门的有无、机车的频繁牵引和制动以及安检的严格程度都可能影响地铁的正常运营，导致事故发生。

② 区间，是一条地铁线路中的某一段。列车在区间运行发生的事故，主要是由信号发生故障、供电设备突发故障以及列车故障导致的。

③ 车辆段，是地铁车辆停放、检修、维护和整备的基地。在车辆段内发生的运营事故，大多数都是因为工作人员作业不规范，随意减少工作流程而导致的人员伤亡和列车故障等。

城市轨道交通运营事故中，轻者导致列车中断运行，从而致使车站拥堵、客流疏散困难，重则导致人身伤亡、机器设备损坏。在人潮拥挤的输送基地，人们对城市轨道交通的安全运营有更高的要求，面对频频发生的运营事故，为了降低事故发生的频率，需要我们深入分析突发事件的发生机理。

2. 国外地铁运营事故统计分析

通过查阅资料，对国外一百多起地铁事故进行整理分析，事故的发生原因主要分为 12 种，包括火灾、毒气、爆炸、异物入侵、地震等。其中，因脱轨导致的事故为 21 起，占比高达 20.95%，是所有因素中占比最高的；恐怖事件及供电发生故障共计17起，占比为16.67%；设备故障导致的事故为12起，相撞导致的事故为11起，火灾为10起，跳下站台导致的事故为9起，其他事故为1起。

由于缺乏进一步的详细数据，本研究未进行事故等级的界定，仅按事故原因进行分类统计，结果见表3-3。火灾发生的原因既可能是人员因素，也可能是设备因素，爆炸事故一般为人员因素，总体而言，由于设备原因导致发生的运营事故占一半以上，由于人员因素导致的运营事故大概在30%，管理和环境导致的运营事故很少，只有约4%。国外的人员因素和国内不同，主要指恐怖分子导致发生的事故，由员工导致发生的运营事故较少。

表3-3 国外部分运营事故统计

| 国家 | 设备 | 火灾 | 爆炸 | 毒气 | 环境 | 管理 | 事故数量 |
|---|---|---|---|---|---|---|---|
| 瑞士 | 1 | 0 | 0 | 0 | 0 | 0 | 1 |
| 德国 | 1 | 1 | 0 | 0 | 0 | 0 | 2 |
| 美国 | 6 | 1 | 0 | 0 | 0 | 0 | 7 |
| 阿塞拜疆 | 1 | 0 | 1 | 0 | 0 | 0 | 2 |
| 英国 | 4 | 0 | 4 | 0 | 0 | 0 | 8 |
| 俄罗斯 | 0 | 0 | 6 | 0 | 0 | 0 | 6 |
| 韩国 | 0 | 2 | 0 | 0 | 0 | 0 | 2 |
| 巴西 | 1 | 1 | 0 | 0 | 0 | 0 | 2 |
| 日本 | 3 | 0 | 0 | 1 | 1 | 0 | 5 |
| 法国 | 0 | 0 | 1 | 0 | 0 | 0 | 1 |
| 西班牙 | 2 | 0 | 1 | 0 | 0 | 0 | 3 |
| 白俄罗斯 | 0 | 0 | 1 | 0 | 0 | 1 | 2 |
| 泰国 | 1 | 0 | 0 | 0 | 0 | 0 | 1 |
| 意大利 | 1 | 0 | 0 | 0 | 0 | 0 | 1 |
| 委内瑞拉 | 1 | 0 | 0 | 0 | 0 | 0 | 1 |
| 印度 | 1 | 0 | 0 | 0 | 0 | 0 | 1 |
| 合计 | 23 | 5 | 14 | 1 | 1 | 1 | 45 |

3. 国内外运营突发事件的对比分析

从上述统计数据来看，国内外导致地铁事故发生的影响因素是存在差异的，国外排名靠前的影响因素是设备、火灾、爆炸，而我国排名靠前的则是设备、乘客等因素。究其原因，国外的地铁系统运行时间较长，经过多年的运营，其设备和运营的管理经验都要多于我国，但是其运营时间的延长也导致了设备的老化，因此一旦维修出现不及时的情况，就容易出现设备故障及留下火灾隐患，进而导致脱轨等严重事故的发生。而我国的地铁线路多为新建线路，其设备先进程度较高，不容易出现老化事故，但是需要注意的是，我国地铁的运营和建设的时间不长，一些地方的地铁项目属于新建项目，因为经济原因、历史原因、社会环境、科学技术等因素的制约，我国各个地区的地铁城市轨道交通系统都有各自不同的特点，虽然多数城市地铁系统都重视对技术的选择，以及考虑硬件设施的安全性、系统协调性不足，加之各个厂商之间的标准存在差异，因此信号、电路、控制系统等设备带来的运营事故较多，主要原因如下：

（1）现阶段，全国掀起了城市轨道交通建设的热潮。投入运营的新线路和现有的相关设备设施需要进行不断磨合，在磨合的过程中会出现一些问题，这些都将是车辆事故频发的原因之一。

（2）随着城市轨道交通的不断发展，与车辆和信号相关的核心技术也在不断的更新、完善中。但是，新旧技术之间在耦合性上还是会存在一些缺陷，有些设备无法兼容，容易引发事故，从而提高了因车辆原因和信号原因导致的事故在运营事故中的比例。

总结而言，国外因为设备故障导致的运营事故主要是设备老化，国内因为设备故障导致的运营事故主要是系统协调性不足。

另外，还要考虑恐怖活动加剧这一因素。地铁是一个相对封闭的空间，且人流密集，恐怖分子会优先选择将地铁作为袭击目标，所以近几年国外的地铁遇袭事件频发。相较于其他国家，我国对枪支、炸药等的管理相对严格，安检制度严格，虽然目前还未发生过恐怖袭击，但依然存在可能性，也应引起各方足够的重视。

我国由乘客导致的运营事故数量较多，其中，因为乘客跳下站台导致的事故大约占总数的62%。现代的生活节奏不断加快，来自各方面的压力日益增加，心理承受能力较弱的人可能会选择一些较为极端的方式来处理事情,在地铁站内跳下站台选择轻生就是其中之一。需要各方共同努力营造良好的社会环境,注重乘客心理健康,才可以有效减少此类运营事故的发生。

通过统计突发事件,可以提取出各类突发事件的情景要素,总结出各类突发事件的特征,为情景的构建奠定基础。

### 3.2.3 城市轨道交通突发事件的情景要素提取

通过收集和整理突发事件,梳理出可能存在的危险源及导致发生的突发事件,并按照情景要素的结构进行剖析。

1. 致灾因子的确定

城市轨道交通的致灾因子种类繁多,主要分为人员、设备、环境和管理四类,每一类包含的具体致灾因子如表 3-4 所示。

表 3-4 致灾因子分类表

| 致灾因子种类 | 具体致灾因子 |
| --- | --- |
| 人员 | (1) 线网中心工作人员:行车调度员、电力调度员等。<br>(2) 运营分公司工作人员:站务员、车站值班员、行车值班员、机电专业人员等。<br>(3) 下属部门:检修人员等。<br>(4) 社会人员 |
| 设备 | (1) 机电设备:低压供电设备、给排水、通风空调、装饰装修、站台门等。<br>(2) 车辆系统:车门、制动系统、受电弓、轮对、列车大部件、司机室挡风玻璃、客室玻璃等。<br>(3) 供电系统:高压供电系统、牵引供电系统、交直流操作电源系统、电力监控系统等。<br>(4) 工务系统:轨道、桥梁、隧道、路基、车站等。<br>(5) 通信系统:无线系统、交换系统、传输系统、UPS 综合电源系统、PIS 系统等。 |

续表

| 致灾因子种类 | 具体致灾因子 |
|---|---|
| 设备 | （6）信号系统：列车自动防护（ATP）/自动运行（ATO）子系统、列车自动监控（ATS）子系统、联锁子系统、轨道占用检查设备（轨道电路/计轴设备）、数据通信子系统等。<br>（7）自动化系统：ISCS、BAS、FAS、气灭、门禁系统、防火卷帘门等。<br>（8）自动售检票系统：车站服务器、TVM、AGM等 |
| 环境 | 地震、大雾、重污染天气、冰雪、冰雹、暴雨、雷电、大风、高温、山体滑坡等 |
| 管理 | 规章制度的不完善、作业流程不规范、部门沟通协调不充分等 |

2. 承灾体的确定

城市轨道交通的承灾体种类繁多，按照承灾体所处位置，主要分为隧道、列车、车站和车辆段，每类的具体承灾体如表3-5所示。

表 3-5　城市轨道交通承灾体分类表

| 承灾体种类 | 具体承灾体 |
|---|---|
| 隧道 | 线路、隧道结构、列车、通信信号设备、桥梁等 |
| 列车 | 车门、玻璃、转向架、制动系统等 |
| 车站 | 站台门、自动售检票系统、低压配电设备等 |
| 车辆段 | 线路、通信信号设备等 |

3. 孕灾环境的确定

孕灾环境的形式多种多样，可以是区间、车站、车辆基地，也可以是设备本生，即承载体也可以看作是孕灾环境。

4. 应急组织的确定

每一个突发事件，都有对应的应急组织。一般来说，城市轨道交通突发事件在没有人员伤亡、且社会影响较小的情况下，都是由线网中心、运营分公司和下属部门联动控制并处理的。当出现人员伤亡、且社会影响较大时，一般都会有消防、公安和医护部门介入。

5. 驱动要素的确定

事件即是情景的驱动要素，每一个城市轨道交通的突发事件都是驱动要素，如：列车故障救援事件、列车脱轨事件等。

6. 事件后果的确定

根据对城市轨道交通事故等级的划分，可知人员伤亡情况、运营中断情况和财产损失情况是判断事故等级的依据，因此，可对每一个突发事件的后果进行初步确定。

### 3.2.4 城市轨道交通突发事件的情景分类

1. 基于突发事件发生原因进行分类

收集整理突发事件后，发现导致突发事件发生的原因多种多样，但是可以归结为六个方面：火灾、瓦斯泄露、行车故障、客运突发事故、设备故障、自然灾害。每个方面所涵盖的具体原因还可以做进一步细分，如表3-6所示。

表 3-6 基于城市轨道交通子系统的情景分类表

| 情景 | 突发事件 |
| --- | --- |
| 火灾 | 爆炸、恐怖袭击、设备起火、人为纵火、瓦斯浓度超标等 |
| 瓦斯 | 地震、施工、检测设备故障等 |
| 行车突发事件 | 人员误操作、信号设备故障、轨行区进人、列车故障等 |
| 客运突发事件 | 节假日、自动售检票故障等 |
| 设备故障 | 站台门、防淹门、路基、线路等故障 |
| 自然灾害 | 地震、大雾、重污染天气、冰雪、冰雹等 |

情景并不是独立存在的，各个情景之间相互关联，而突发事件的发展带动了情景的转变。例如，地震导致瓦斯泄漏，这是属于瓦斯情景；当瓦斯浓度控制不当，发生火灾时，进入火灾情景；同时，发生火灾后，需要进行客流疏散，进入客运突发事件。因此，在分析情景时，需要将

当前情景及其相关联的情景结合起来进行综合分析，面对情景转变的情况时可以立即采取相应的应急救援措施。

2. 基于突发事件的特征进行分类

突发事件具有突发性、公共性、社会危害性、事态发展的不确定性、应急组织的综合性、处置措置的紧急性等特征，根据这些特征的不同，将城市轨道交通突发事件分为一般突发事件和紧急突发事件。

（1）突发性与不确定性。

突发事件的发生时间、地点、发展趋势通常都具有不确定性。在突发事件发生之前，一般都无法获取突发事件的相关属性，但是，可以根据突发事件的可预见性来降低其突发性与不确定性。例如，雨季期间，区间发生洪涝的概率更大，因此可以认为其突发性低；列车发生火灾很难进行前期的预测，因此可以认为其突发性强。

（2）公共性。

突发事件的外部性影响可以作为公共性的衡量标准。城市轨道交通相对外部环境较为独立，但是突发事件发生后，可能会难以控制，事态进行蔓延，影响城市轨道交通周围的环境。例如，区间火灾，在火灾发生的初期，只是对区间内的乘客、列车、线路等造成破坏性影响，但是随着火灾的发展，可能会造成区间外部设施设备损失及人员的伤亡，因此，认为火灾具有极强的公共性；工程车故障，只是使得区间内部的行车组织受到影响，几乎不会产生外部环境的影响，因此，认为工程车故障几乎没有外部性。

（3）社会危害性。

突发事件的伤亡人数、经济损失可以作为社会危害性的衡量标准。突发事件初发时期，只能通过突发事件的相关属性，结合历史事件和突发事件对应的情景，预估其社会危害性。本书将结合成都城市轨道交通突发事件的分类等级标准，对社会危害性进行进一步的划分。

（4）应急组织的综合性。

突发事件经常设计众多领域和部门，如消防、医护等相关部门，因此，应急组织是线网指挥中心、运营分公司、其他下属单位及部门、消防、医护等部门的综合体，线网指挥中心是应急组织的核心部门，对处理措施进行综合决策。一般认为，涉及的领域及部门越少、等级越低，应急组织的综合性越弱。

（5）处置措施的紧急性。

处置措施的紧急性，一般都是由上述特征共同决定的，其中，社会危害性是处置措施紧急性的主要判定标准。

根据突发事件的特征，对突发事件进行分类，分类原则为：突发事件的社会危害性大，或者其他特征中有三项及以上特征表现很强，将此类突发事件定义为紧急突发事件，否则为一般突发事件。

结合情景要素剖析表，本书对事件后果总结如下：将有人员伤亡、造成行车中断和财产损失，且需要进行紧急疏散的突发事件定义为紧急突发事件，将其他事件定义为一般突发事件。通过分析紧急突发事件的致灾因素可以发现，导致紧急突发事件发生的原因主要包括地震、瓦斯泄露、爆炸、设备起火等，而这一类致灾因素也都是火灾情景的致灾因素，因此，火灾情景即为紧急情景。根据这样的分类标准，本书认为火灾情景、瓦斯情景以及符合上述要求的其他情景为紧急情景，情景判定标准如表3-7所示。

表3-7 突发事件情景判定

| 突发事件 | 突发性与不确定性 | 公共性 | 社会危害性 | 应急组织的综合性 | 处置措施的紧急性 | 紧急情景 | 一般情景 |
|---|---|---|---|---|---|---|---|
| 火灾 | 强 | 强 | 强 | 强 | 强 | √ | |
| 瓦斯 | 一般 | 强 | 强 | 强 | 强 | √ | |
| 行车突发事件 | 一般 | 弱 | 视情况而定 | 视情况而定 | 视情况而定 | 人员伤亡、行车中断和财产损失 | 行车中断和财产损失 |
| 客运突发事件 | 弱 | 视情况而定 | 视情况而定 | 视情况而定 | 视情况而定 | 人员伤亡、行车中断和财产损失 | 行车中断和财产损失 |

续表

| 突发事件 | 突发性与不确定性 | 公共性 | 社会危害性 | 应急组织的综合性 | 处置措施的紧急性 | 紧急情景 | 一般情景 |
|---|---|---|---|---|---|---|---|
| 设备故障 | 一般 | 弱 | 视情况而定 | 视情况而定 | 视情况而定 | 人员伤亡、行车中断和财产损失 | 行车中断和财产损失 |
| 自然灾害 | 强 | 视情况而定 | 视情况而定 | 视情况而定 | 视情况而定 | 人员伤亡、行车中断和财产损失 | 行车中断和财产损失 |

## 3.3 城市轨道交通长大区间火灾情景构建示例

### 3.3.1 城市轨道交通长大区间火灾情景构建

1. 城市轨道交通长大区间火灾情景的致灾因子

从人机环管四个方面入手，总结出城市轨道交通长大区间火灾情景的致灾因子，如表 3-8 所示。

表 3-8 城市轨道交通长大区间火灾情景的致灾因子

| 致灾因子类别 | 具体致灾因子 |
|---|---|
| 人员 | 工作人员在隧道施工、乘客纵火、恐怖分子袭击、乘客携带违禁品等 |
| 设备 | 瓦斯监测设备故障、设备老化或检修不当 |
| 环境 | 地震导致瓦斯泄漏、高温 |
| 管理 | 火灾防控规章的缺失或不完善导致火灾管理不到位 |

2. 城市轨道交通长大区间火灾情景的承灾体

城市轨道交通长大区间火灾情景的承灾体主要包括：隧道主体结构、列车、瓦斯检测设备等。

3. 城市轨道交通长大区间火灾情景的孕灾环境

城市轨道交通长大区间火灾情景的孕灾环境主要包括隧道、列车。

4. 城市轨道交通长大区间火灾情景的应急组织

城市轨道交通长大区间火灾情景的应急组织主要包括线网指挥中心、运营分公司、其他部门及下属单位、消防部门、医院、公交系统等，共同构成地铁应急指挥组，如图3-4所示。

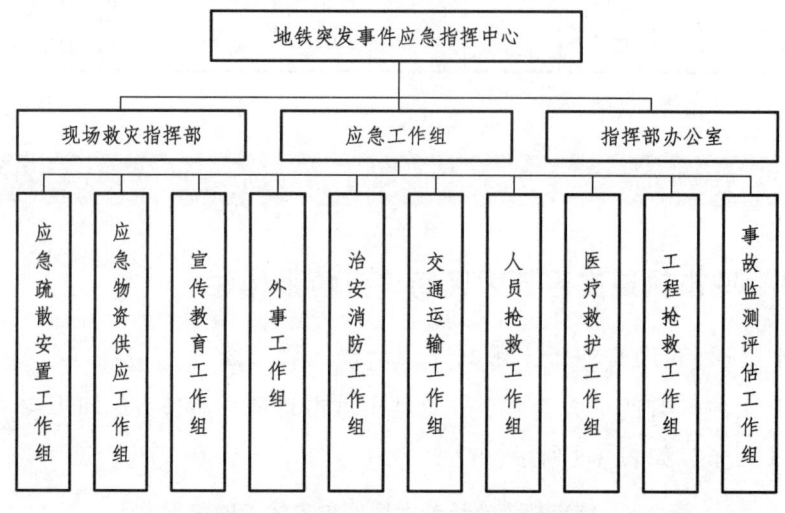

图3-4 地铁突发事件应急指挥结构

地铁突发事件发生之前，构建合理的应急指挥组，明确各个单位的应急处理职责，可以更好地响应突发事件，做出更为快捷、高效的应急决策，减少突发事件带来的生命财产损失。

5. 城市轨道交通长大区间火灾情景的处置行动

线网指挥中心在应急处置行动中，主要起全局把控、统筹组织的作用，主要参与的岗位有行车调度员和电力调度员。行车调度员在接到火灾报警后，需要立即了解现场信息，进行初期的行车调整，并组织司机有序疏散乘客，联系车站做好相应的配合工作。电力调度员立刻进行区间隧道的设备监控，根据客流疏散需求控制区间送排风，尽量创造一个良好的疏散环境，并控制接触网停送电，保证区间的安全等。

运营分公司在应急处置的过程中,主要是配合线网指挥中心进行应急救援,做好本站的客流疏散工作,主要参与的岗位有车站值班站长、行车值班员、客运值班员和站务员。车站值班站长担任现场指挥,根据行车调度员的指令,安排站务员赶赴火灾现场协助疏散乘客,安排外部公交接驳本站乘客,联系消防和医院进行协助救援。行车值班员根据行车值班员的指令,做好本站的接发车作业,为区间乘客在本站疏散做好准备工作。客运值班员做好本站的客流引导工作,避免出现客流积压和拥堵。乘客疏散后,两端车站安排站务员进入轨行区排查遗留人员,及时上报排查情况。

其他部门及下属单位积极配合相关救援工作。疏散车司机及时向行车调度员报告现场情况,并按照行车调度员的要求进行疏散。疏散跟车保安及时向司机报告着火情况,按照司机的要求引导乘客疏散。应急值守点人员接到火灾报警后,在线网指挥中心的安排下,快速到达疏散点位协助司机开展乘客疏散工作,并组织乘客进行公交接驳。合江车辆段支援人员听从安排,赶赴现场,协助乘客疏散工作。

除地铁内部部门参加应急救援外,还需要消防部门协助开展消防救援工作,医院协助开展乘客伤亡救援工作,公交系统协助开展接驳救援工作。

城市轨道交通长大区间火灾情景的处置行动流程如图 3-5 所示。情景不同,处置行动会有一定的差异,后文将针对不同情境下的应急救援工作进行详细的说明。

6. 城市轨道交通长大区间火灾情景的驱动要素

突发事件的发展推动着情景的转换,如果瓦斯只是泄漏,没有爆炸,就只是瓦斯情景;如果设备只是老化或检修不当,没有着火,就只是设备故障情景。同时,我们也可以发现,情景转换往往是很快速的,需要提前制定不同情景下的应急救援方案,才能更好地进行区间救援。

根据情景构建方法,对城市轨道交通长大区间火灾事故进行描述和刻画,构建情景如图 3-6 所示。

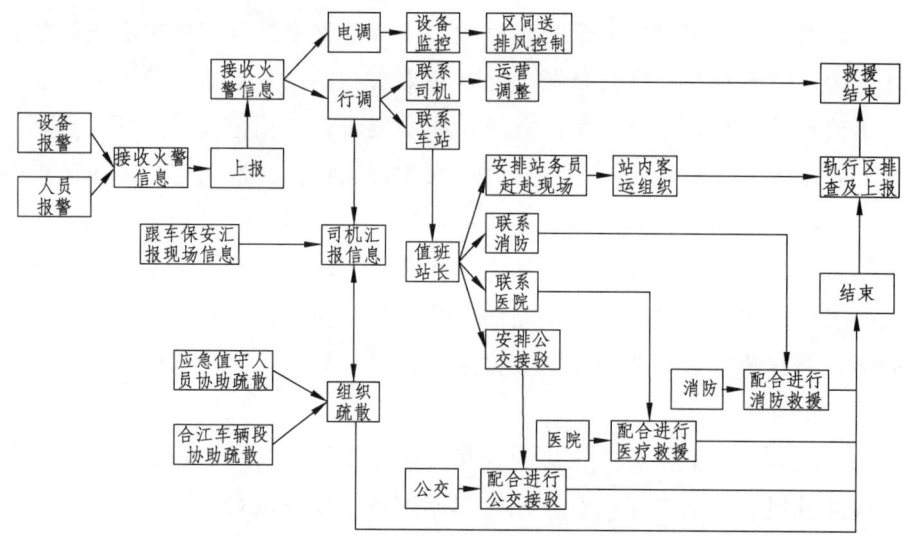

图 3-5　城市轨道交通长大区间火灾情景的处置行动流程

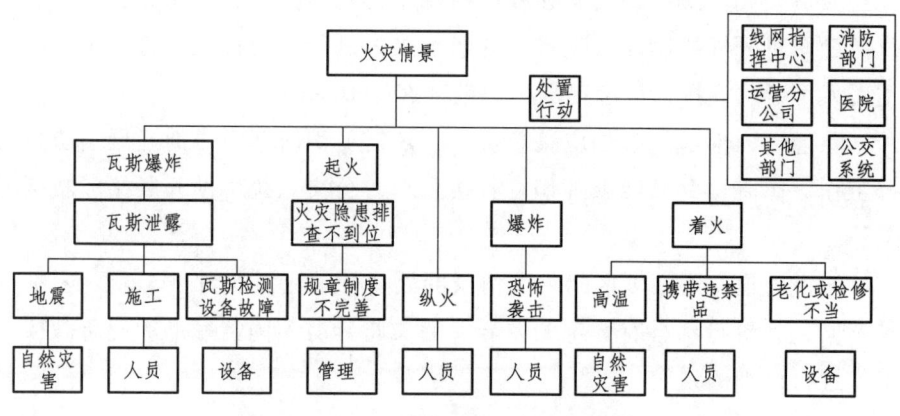

图 3-6　火灾情景构建示意图

## 3.4　本章小结

第一，本章明确了突发事件的分类标准——以人员伤亡、财产损失和行车中断作为突发事件等级的判定标准；第二，结合突发事件的发展过程，剖析突发事件的情景要素，并梳理突发事件的情景构建方法；第三,对国内外的城市轨道交通突发事件进行统计,分析突发事件的特征,对突发事件的发生原因、发生地点、事故等级等特征进行总结,为突发事件情景要素的提取奠定基础;第四,结合城市轨道交通所有可能发生的突发事件,总结突发事件的情景要素,为长大区间应急救援情景构建素材库;第五,根据情景要素的特点,分别按照事故发生原因和事故特征对情景进行分类;第六,最后构建了长大区间火灾情景,为应急救援方案的制订奠定基础。

# 4 联络通道及应急疏散设计

## 4.1 地铁隧道火灾特点

隧道区间属于地下封闭区域，无论是站在火灾蔓延的角度还是站在行人疏散的角度，都有别于一般建筑物。通过调研与查阅有关资料，我们得知隧道区间的行人疏散及现场扑救主要存在一些困难，下文将分火灾特点和行人疏散两个方面进行介绍[37]。

### 4.1.1 地铁隧道火灾特点

1. 烟、热的危险

在地铁中，由于出入口的数量较少，空气流通较差，有时氧气不能及时补充，导致氧气供应量不足，在发生火灾时，不完全燃烧会致使二氧化硫、三氧化硫、一氧化碳等有毒气体的浓度快速升高。在高温烟气的不断扩散和流通之下，不仅引起周围的可燃物质的燃烧蔓延，更严重的是其产生的浓烟会使得人员疏散通道的能见度急剧降低，有实验表明，即便此时在强力照明条件下，能见度也只有 1.0 m 以内，严重影响了人员的疏散撤离，也让消防队员的救援工作变难。

2. 人员疏散困难

城市地铁发生火灾时，由于受到条件的限制，出入口较少，疏散距离较长，人员只能步行通过出入口或联络通道，与地面上发生的火灾不同，消防中常用的云梯车之类的消防救助工具对地下人员的疏散无能为力。且在地铁发生火灾时，如果平时的出入口在没有排烟设施或排烟设施较差时，将成为喷烟口，高温的浓烟与人员疏散逃离的方向一致，都是从下到上。但是高温烟气的扩散流动速度比人群疏散逃生速度快得多，人员想要逃出地铁站，就必须穿过高温浓烟，而此时的能见度低，加之障碍物多，使得人群心理更加恐慌，同时燃烧中产生的某些刺激性气体，如氨气、氟化氢以及二氧化硫等会使人们的眼睛睁不开，在能见度低下、睁不开眼睛以及心理极度恐慌的三重压力下，大多数人可能会瘫倒在地或盲目逃跑，严重时还会发生踩踏事故等，造成不必要的伤亡[38]。

3.扑救困难

由于种种条件的限制，地下建筑的火灾扑救要比地面建筑的火灾扑救困难得多。历史资料显示，在我国地下建筑发生的数起大火中，最长的一次延烧时间为41天，这次大火事故总共邀请了28个单位参与扑救，组织540名专家研究灭火方案，抢救和灭火工作都十分艰难，最终导致80多人受伤、4名救火人员死亡。当地铁火灾发生时，由于无法直观看到火场，不知道地铁火灾发生的具体位置，需要详细询问和研究工程图，分析可能发生火灾的部位以及导致的一系列情况和危险，才能做出灭火方案。并且由于灭火线路较少，出入口又经常是火灾的冒烟口，即使是专业的消防人员，在高温浓烟的情况下也会很难接近着火部位。

4.火势蔓延快

在隧道中，一旦发生火灾，在烟囱效应的作用下，温度和烟气都会迅速蔓延，大部分能量被用去加热通风的空气。此时，顺风侧的空气温度可达1 000 ℃以上，炽热的空气在流经的途中可以把它的热量传递到任何可燃的材料上，进而导致火焰从一个燃烧火源跳跃到下一个可燃烧的火源上，形成火源传递，这个跳跃的长度约为隧道直径的50倍。此外，由于地铁的相对封闭性，只能通过出入口和换风口等跟外界联系，所以使得烟气、热量等聚集，内部环境温度快速升高。地铁工程火灾具有减光性[39]。

## 4.1.2 地铁火灾人员的行为特征

虽然存在一定的个体差异，但是通过总结，研究人员发现了群体对于地铁火灾的心理行为反应存在一定的共性，存在一个如下的过程，即认识、确定、评估、抉择。但是从心理接收到一定的信息到反映到实际中的这个过程会因为个人的年龄、性别、职业等不同而表现出不同的行为特征。在地铁发生火灾时，在场的人可基本分为工作人员和乘客这两类人，这两类人在发生火灾时，所表现出的行为也是有所不同的。故将在这一小节中对这两类人的行为特征进行分析。

1. 工作人员

在场的工作人员在发现火灾后，会产生如下的行为。

（1）灭火。

当工作人员发现火灾警报拉响后，站在自身职业立场，第一时间会选择采取灭火行动。采取这种行为能在火灾初期有效地对火势的发展进行控制，若确认火势无法控制时，则应立即通过报警告知地铁信息中心，组织人员疏散。

（2）助人。

在发生火灾时，工作人员要能各司其职，通过车站广播、直接喊话等方式安抚乘客的紧张的焦虑情绪，并能及时引导乘客进行疏散。因为地铁的工作人员对于站内的布局相较于普通乘客更加熟悉，从而大大提高疏散效率，预防踩踏事故。

（3）逃离。

当火势较大根本无法控制或者该工作人员缺少一定的职业道德感和应对紧急情况的能力时，就会产生逃离的行为，而这种情况的发生往往伴随着重大的人员伤害和财产损失。如韩国大邱地铁火灾中第二辆列车司机弃全车乘客的生命安全不顾，拔掉控制钥匙自己逃离现场，致使车门无法打开，最终损失惨重。

2.乘客

（1）拥挤。

实践证明，在紧急情况下，人与人之间不会有协调和礼让，此时，如果缺少及时正确的引导，极易引发踩踏事故，特别是在楼梯、出口等

"交通瓶颈"处。

（2）从众。

当人们身处一个慌张、高温浓烟的陌生环境下，很容易跟随旁人的行为，产生"从众效应"。

（3）躲藏。

当人们做出不能逃出现场的判断后，会出于本能地选择一些狭小空间或自己认为安全的地方进行躲藏。

（4）趋光。

在地铁浓烟弥漫、可见度低时，人们也会本能奔向窗口等光亮处，在大多情况下，有亮光的地方大多数是玻璃反光或者是存在火源。当人员到达这里时，可能受阻于护栏或无法击碎玻璃，在猛然站起的瞬间因高温烟气的袭击而死亡。

## 4.2 基于FDS建模的火灾模型原理

随着计算机技术的发展，人们逐步将数值模拟运用于火灾模拟的研究中。由美国国家标准技术研究院（NIST，National institute of Standards and Technology）开发的FDS（Fire Dynamics Simulator）是目前应用较为广泛的火灾模拟软件。它主要是利用数值分析的方法来主要计算烟气和热传递的过程。该方法提供了直接数值模拟和大涡模拟。它的模拟结果已经被众多尺寸的火灾模拟实验得到了验证，并且其准确度高和操作灵活的特点已经得到了众多研究者的认可。

数值模拟是以数理计算和模拟模型为基础，对各种火灾场景的不同影响因素进行分析。数值模拟的可重复性高、安全、经济，因此受到火灾模拟研究领域研究者的青睐。国内外将火灾场景的数值模拟分为三类：网络模型、区域模型、场模型。

（1）网络模型：同时考虑几个不同空间的烟气运动情况，该模型将离起火点较远的封闭空间作为一个研究模块，计算每个模块的烟气扩散情况，但这种方法相对来说比较粗糙。

（2）区域模型：该模型的应用比较广泛，由于火灾时，烟气会自然形成上面热空气，下面冷空气的"双层现象"，所以将起火点分为上下两个控制单元。

（3）场模型：将具体的模拟空间划分成众多网格，每个网格作为一个分析控制单元，来进一步具体分析烟气的各项指标扩散情况。总的来说，场模型的模拟结果更为精确，更能准确描述火灾地的几何结构和通风情况，由此来反映火势的发展趋势与扩散情况。网格划分得越细，模拟结果将会更准确。

在后续数据的处理过程中，会配合 Smokeview 软件使用，将模拟结果以动态的形式进行展现。该软件是专门用于 FDS 模拟火灾中烟气动态可视化的展现，不仅可以展现三维动画，还可以展示规定时间内的完整燃烧过程，使得研究者可以直接在动态场景中观察到各种参数的变化情况[40]。

### 4.2.1 火灾基本控制方程

在火灾燃烧过程中，应该遵循流体力学三大定律，分别是质量守恒定律、动量守恒定律以及能量守恒定律[41]。

1. 质量守恒方程

火灾中的流动问题依然要满足质量守恒方程（连续性方程），对于流体而言，单位时间里流出的物体质量等于同时间间隔里控制体内减少的质量，其连续方程的微分表示见式（4-1）：

$$\frac{\partial \rho}{\partial t} + \frac{\partial (\rho u_x)}{\partial x} + \frac{\partial (\rho u_y)}{\partial y} + \frac{\partial (\rho u_z)}{\partial z} = 0 \quad (4-1)$$

式中：

$\rho$——流体密度（$kg/m^3$）；

$u_x$——$x$ 方向上的速度分量（m/s）；

$u_y$——$y$ 方向上的速度分量（m/s）；

$u_z$——$z$ 方向上的速度分量（m/s）；

$t$——时间（s）。

当流体不能被压缩时，则流体密度为常数，方程则可以表示为式（4-2）：

$$\frac{\partial(\rho u_x)}{\partial x}+\frac{\partial(\rho u_y)}{\partial y}+\frac{\partial(\rho u_z)}{\partial z}=0 \quad (4-2)$$

2. 动量守恒方程

单位时间里，流体的动量变化率与同一时间内受力的总和相等。三个方向的动量守恒公式见式（4-3）：

$$\begin{cases} \dfrac{\partial(\rho u_x)}{at}+\nabla\cdot(\rho u_x\vec{u})=-\dfrac{\partial\rho}{\partial x}+\dfrac{\partial\tau_{xx}}{\partial x}+\dfrac{\partial\tau_{yx}}{\partial y}+\dfrac{\partial\tau_{zx}}{\partial z}+\rho f_x \\ \dfrac{\partial(\rho u_y)}{at}+\nabla\cdot(\rho u_y\vec{u})=-\dfrac{\partial\rho}{\partial y}+\dfrac{\partial\tau_{xy}}{\partial x}+\dfrac{\partial_y}{\partial y}+\dfrac{\partial\tau_{zy}}{\partial z}+\rho f_y \\ \dfrac{\partial(\rho u_z)}{\partial t}+\nabla\cdot(\rho u_z\vec{u})=-\dfrac{\partial\rho}{\partial z}+\dfrac{\partial\tau_{xz}}{\partial x}+\dfrac{\partial\tau_{yz}}{\partial y}+\dfrac{\partial\tau_{zz}}{\partial z}+\rho f_z \end{cases} \quad (4-3)$$

式中：

$p$——作用于流体的压强（Pa）；

$f_x$——$x$ 方向上的受力（m·s²）；

$f_y$——$y$ 方向上的受力（m·s²）；

$f_z$——$z$ 方向上的受力（m·s²）；

$\tau_{xx},\tau_{xy},\tau_{xz}$——作用于流体表面的黏性应力分量（Pa）。

3. 能量守恒方程

封闭系统内的任何物质在进行能量交换时都需要满足能量守恒定律，无论经历了何种形式的转化，能量都不会凭空消失，能量总和保持不变。其微分方程表达式见式（4-4）。

$$\frac{\partial\left[\rho\left(e+\frac{v^2}{2}\right)\right]}{\partial t}+\nabla\cdot\left\{\left[\rho\left(e+\frac{v^2}{2}\right)\right]v\right\}=\begin{cases}\rho q+\dfrac{\partial\left(k\dfrac{\partial T}{\partial x}\right)}{\partial x}+\dfrac{\partial\left(k\dfrac{\partial T}{\partial y}\right)}{\partial y}+\dfrac{\partial\left(k\dfrac{\partial T}{\partial z}\right)}{\partial z}\\-\dfrac{\partial(up)}{\partial x}-\dfrac{\partial(vp)}{\partial y}-\dfrac{\partial(wp)}{\partial z}+\dfrac{\partial(u\tau_{xx})}{\partial x}\\\dfrac{\partial(v\tau_{yx})}{\partial y}+\dfrac{\partial(w\tau_{zx})}{\partial z}+\dfrac{\partial(uy)}{\partial x}+\dfrac{\partial(v\tau_{yy})}{\partial y}\\+\dfrac{\partial(w\tau_{zy})}{\partial z}+\dfrac{\partial(u\tau_{xz})}{\partial x}+\dfrac{\partial(v\tau_{yz})}{\partial y}+\\\dfrac{\partial(w\tau_{zz})}{\partial z}+\rho f\cdot v\end{cases}$$

(4-4)

式中：

$\rho$——流体密度（$kg/m^3$）；

$v$——流体速度（m/s）；

$p$——压强（Pa）；

$f$——外力（N）；

$\tau$——黏性剪切力（N）；

$e$——内能（J）；

$q$——单位质量的传热率（$J/s\cdot kg$）。

### 4.2.2 人体临界指标

随着火灾的蔓延和物体的燃烧，周围环境温度及有害气体浓度会逐渐升高，它们都会对人体造成严重伤害，有研究表明火灾发生过程中，多数死亡是封闭环境中的有毒气体所致，真正死于燃烧的人数却很少，人体临界作为衡量人体处于危险环境下的临界承受指标，本小节围绕其做分析，为后文进一步研究隧道区间火灾条件下的安全性做准备。

1. 有毒气体

现今地铁站的建筑、设备和装饰材料已经按照地铁防火的要求使用不燃、难燃的材料，同时尽量去提高使用材料的阻燃防火性能，但整个地铁站的建筑和使用设备不可能完全使用难燃材料，仍有部分材料在高温条件下会产生出多种有毒有害的物质和气体。在此种情况下，加上地铁系统位于地下，其空间密闭通风能力有限且氧气含量一定，在燃烧情况下，会产生 $CO$、$CO_2$、$SO_2$、$HCN$ 等多种有毒气体。通过研究可知，这些有毒气体一定时间内的产生情况如表 4-1 所示。

从表 4-1 可以明显看出，$CO$、$CO_2$ 是火灾中产生的量最多的气体，可作为判别危险的依据。当人类处于较高浓度的 $CO_2$ 之中时，有缺氧窒息的危险。在室内，人类所能承受的 $CO_2$ 浓度最高值为 5 000 ppm，当浓度为 350~450 ppm 时，感觉同室外环境；当体积百分比为 350~1 000 ppm 时，空气清新，呼吸顺畅；当浓度为 1 000~2 000 ppm 时，空气混浊，有昏昏欲睡之意；当浓度为 2 000~5 000 ppm 时，将出现头痛、嗜睡、呆滞、注意力不集中、心跳急速、轻度恶心等症状；当浓度大于 5 000 ppm 时，可能导致严重缺氧，造成永久性脑损伤、晕厥甚至死亡。$CO$ 非常容易与人体的血红蛋白结合，形成碳氧血红蛋白，使血红蛋白丧失与氧气结合的能力，造成组织窒息。其对全身细胞均有毒性，对大脑皮质的影响最大，严重时将导致死亡，不同体积百分比下的 $CO$ 对人体的影响如表 4-2 所示。

表 4-1 火灾状态下的有毒气体产生情况[42]

| 名称 | 产生浓度/ppm | | 物质来源 |
| --- | --- | --- | --- |
| | 短期 | 长期 | |
| $CO$ | 4 000 | 100 | 含碳物质 |
| $CO_2$ | | 5 000 | 含碳物质 |
| $NO$ | 100 000 | 5 | 合成树脂 |
| $SO_2$ | 500 | 5 | 硫聚橡胶 |
| $HCl$ | 1 500 | 5 | 聚氯乙烯（PVC） |
| $HCN$ | 300 | 10 | 塑料、皮革 |
| $HF$ | 100 | 3 | 含氟物质 |
| $H_2S$ | 600 | 20 | 阻燃剂 |
| $NH_3$ | 4 000 | 100 | 三聚氰胺、尼龙 |
| $Cl_2$ | 50 | 1 | 阻燃剂 |

表 4-2　不同浓度的 CO 对人体的影响[42]

| CO 浓度/ppm | 接触时间/min | 影响程度 |
| --- | --- | --- |
| 100 | 200 | 无明显影响 |
| 300 | 100～150 | 1 h 内无明显影响 |
| 500 | 50～100 | 身体开始不适 |
| 800 | 45 | 身体不适，2 h 后意识不清 |
| 1 000 | 30 | 严重不适，1 h 失去知觉 |
| 1 600 | 15 | 严重不适，45 min 后有生命危险 |
| 3 000 | 5～10 | 极度不适，30 min 后死亡 |
| 6 500 | 2～5 | 失去知觉，15～25 min 后死亡 |

2. 温度

地铁发生火灾时，火势的快速蔓延加上地铁排烟散热性能的限制，会导致热量在建筑内部大量聚集，温度急剧增加。人体对温度的耐受能力有限，从生物学意义上来说，人体可承受的温度临界值为 43～48 ℃。就理论上来说，当人眼部以下温度超过 110 ℃ 时，人的体温将达到 43 ℃，在此情况下，人体体表将被严重灼伤。表 4-3 是不同烟气温度对人的影响情况。

表 4-3　不同烟气温度对人的影响情况[42]

| 烟气温度/℃ | 症状 |
| --- | --- |
| 60 | 不良反应出现 |
| 120 | 感到不适，但能坚持 10～15 min |
| 140 | 出现极度不适，只能坚持 5 min |
| 170 | 在 1 min 内致死 |

3. 能见度影响

能见度是指人在正常情况下能看见的最远距离，空气中的灰尘、水汽和烟气等物质都会导致能见度降低。在发生火灾的情况下，除了会产生各种有害气体外，还会因为各种物质的燃烧产生许多颗粒物，这些颗粒物飘浮在空中会使能见度大大降低。而且，地铁本身由于其在地下的特殊性，视野情况并不好，所以在火灾发生的情况下，能见度会更进一步降低。若人员对所处环境的熟悉程度不够，很难在紧急情况下迅速找到正确的疏散路径逃生。同时，在危急情况下，人会产生恐惧慌张的心理，会随着人流行动，因为大家会朝着相同的地方前进，可预见性的在某个地方会出现拥堵、踩踏甚至是死亡事故。

火场中常用减光系数 $K_c$ 来表示产生烟气的浓度，且两者呈正相关，前者与可见度呈负相关，为减光系数与能见度之间的关系如表 4-2 所示。

表 4-4　减光系数与能见度之间关系[42]

| 减光系数 $K_c$（1/m） | 能见度 |
|---|---|
| 0.01 | 初始影响 |
| 0.05 | 能见度明显降低 |
| 0.1 | 最大能见度为 10 m |
| 0.3 | 能见度小于 2 m，严重影响疏散 |

根据人员安全疏散和极限视距要求，火场内人眼特征高度处的能见度不应低于 10 m。

## 4.3　基于 Pathfinder 建模的行人疏散原理

国内地铁区间疏散方式，主要依据国标《地铁设计规范》（GB 50157—2013）19.1.22 "两条单线区间的隧道之间，当隧道连贯长度大于 600 m 时，应设联络通道，并在通道两端设双向开启的甲级火门"执行。

当地铁区间内或在区间运营的车辆着火时，一般情况下，在区间救援设施有限，而车站的救援设施比较完善的限制条件下，列车会选择继续向前行驶，直到到达下一个车站去紧急疏散和展开救援。当列车因发生火灾、动力系统无法工作导致停留在隧道内时，应在列车工作人员的有序指导下，让列车乘客通过列车头、尾司机室放下的疏散梯离开火灾列车后尽快延隧道向前后方车站疏散。一般有以下两种区间隧道人员紧急疏散方式[43]。

1. 列车端头门疏散

乘客从地铁车厢至道床的疏散，一般通过设置在列车前、后端的应急疏散楼梯到达轨道面，通过道床沿隧道纵向进行疏散。

2. 侧式平台疏散

在区间隧道侧壁增设宽度不小于 600 mm 的纵向疏散平台，乘客首先从地铁车厢疏散到隧道侧壁上设置的疏散平台，然后沿疏散平台区间纵向进行疏散。采用列车侧式疏散方式时，乘客可以迅速从车门到达疏散平台，再由疏散平台经联络通道疏散至对侧隧道或临近车站。

影响地铁站火灾人员安全疏散的因素众多，且这些因素并非独立存在，而是相互关联、共同作用的。地铁站内部空间结构的差异、火灾告警系统及疏散响应启动是否迅速、站内的建材性能及人员特性等对地铁站火灾及安全疏散的影响巨大。在众多影响因素中，疏散人员本身生理特性和心理状况的影响是最具有复杂性和不确定性的，并且难以获得与这些影响因素相关的精确数据。

## 4.3.1 可用安全疏散时间（ASET）

ASET，指的是火灾从起火到对人员财产构成危险的危险临界状态的时间。它是火灾发展快慢的表征，与火灾发展蔓延速率及烟气流动密切相关。ASET 与人员在火灾环境中的承受极限有关，火灾环境中的危险临界状态指的是对人员造成严重伤害的状态，这是火灾带来的主要危害。本书作者通过查阅相关资料，总结出火灾的三大主要危险因素是：毒害性（$CO$ 等）、能见度低以及高温，火灾的危险临界条件可通过以下情况进行确定[44]。

（1）在发生火灾时，当产生的烟气层高度低于人眼特征高度（一般是 1.2~1.8 m，通常取中值 1.6 m）时，是否达到危险临界值可以通过火灾过程中释放的主要毒害性燃烧产物的危险临界值进行判别。根据前面的分析，可知火灾中主要的毒害性物质是 CO，并且 CO 是导致人员中毒死亡的主要原因。所以，应将火灾中 CO 浓度的危险临界值作为达到危险状态与否的判断依据之一。

（2）火灾中烟气的热辐射是影响人员疏散和紧急救援的重要因素之一，因此火灾中的烟气层高度满足如下要求：

$$H_s \geqslant H_c = H_p + 0.1 H_B \tag{4-7}$$

式中：$H_s$——烟气层高度（m）；

$H_c$——威胁人员安全疏散的临界高度（m）；

$H_p$——疏散人员的人眼特征平均高度，一般为 1.6 m；

$H_B$——建筑内部排烟空间的高度。

当 $H_s > H_c$ 时，人体受到的危害多数是由热辐射引起的。而当烟气层高度 $H_s \leqslant$ 人眼特征高度时，会造成人员直接灼伤或由于其吸入高温烟气而对其造成危害。因此，可以将 $H_s = H_c$ 时的烟气温度临界值作为危险状态的判据。

（3）火灾发生后，会伴随着滚滚浓烟，导致疏散人员视距降低、视线模糊，即火场中的能见度会迅速降低。当能见度低至人员的忍受极限值时，即使在专业人员的指导下可能也会导致人员疏散无法完成。因此，可将火灾中能见度是否降低至人员忍受的能见度极限值（即保证人员安全疏散的最小能见度距离）来作为判定是否达到危险状态的依据。

## 4.3.2 必须安全疏散时间（RSET）

人员疏散是指当火灾情况发展到危险状态时，所有人员都能够疏散到安全地方，这一过程取决于疏散所需要的时间——必须安全疏散时间（RSET），该指标能够在一定程度上反映疏散效率。RSET 由火灾勘测告警时间、人员预行动时间（包括认知时间和反应时间）、人员疏散时间组成[45]。

人员疏散时间是指疏散人员得到疏散指令后开始进行疏散直到被疏散人员安全离开危险区域所需要的时间。该时间一般可通过经验公式和各种由行业认可的疏散模型进行预测获得。所使用的最典型的经验公式包括 Melinek & Booth 公式、Togawa 公式以及 Pau 等公式[46,47]。不过 Melinek & Booth 公式只考虑了当高层建筑发生火灾时，从楼梯疏散到地面的最小总体疏散时间（Melinek & Booth 公式只考虑从楼梯到地面疏散的时间，将高层建筑视为简单模型，用于估算火灾场景下高层建筑的最小总体疏散时间）。在公式的使用过程中，人们对模型进行了简化，假设所有需要疏散人员都集中在疏散口且前人对后面行人流运动无影响，则第 $r$ 层以上楼层的最小疏散时间可通过式 4-8 计算得到：

$$T_r = \frac{\sum_{i=r}^{n} N_i}{B_r \times V} + r \times T_s \quad (4\text{-}8)$$

式中：

$\dfrac{\sum_{i=r}^{n} N_i}{B_r \times V}$——人员经过楼层的等候时间；

$r \times T_s$——行人通过楼梯的时间；

$N_i$——第 $i$ 层楼拥有的人数；

$B_r$——第 $r$-1 层到第 $r$ 层的楼梯宽度；

$V$——单位宽度的人行速率（人/t·m）；

$T_s$——无障碍条件下，人员穿过一层楼的时间（普遍为 16 s）。

下面各式中高层建筑的最小疏散时间 $T_e$ 为 $T_r$（$r=n$-1）中的最大值，假设各层楼中人数和楼梯宽度均相等，即 $N_i = N$，$B_r = B$，则公式可表示为

$$T_i = \frac{(n-r+1) \times N}{B \times V} + r \times T_s \quad (4\text{-}9)$$

当 $\dfrac{N}{BV} \geqslant T_s$，则有 $r=1$ 时，$T_r$ 为最大值：

$$T_e = \frac{nN}{B \times V} + T_s \quad (4\text{-}10)$$

当 $\dfrac{N}{BV} < T_s$，则有 $r=n$ 时，$T_e$ 为最大值：

$$T_e = \frac{N}{B \times V} + n \times T_s \quad (4\text{-}11)$$

而日本学者提出的 Togawa 公式适用于对人员密集场所的整体性疏散时间的计算：

$$T_e = \frac{1}{N'B'}\left[N_a - \sum_{i=1}^{n}\int_0^{T_0} N_i(t)B_i\theta_i(t)\mathrm{d}t\right] + T_0 \quad (4\text{-}12)$$

式中：

$T_e$——疏散时间（s）；

$B_i$、$B'$——第 $i$ 个出口和终极出口的宽度（m）；

$n$——总的出口数（个）；

$N_i$、$N'$——第 $i$ 个出口和终极出口的人数（人）；

$N_a$——总的疏散人数（人）；

$\theta_i(t)$——第 $i$ 个出口的人员滞留系数；

$T_0$——一定人员的流动时间（s）。

该公式可以简化为

$$T_e = \frac{N_a}{B'N'} + \frac{K_s}{v} \quad (4\text{-}13)$$

其中：

$K_s$——起始点的距离（m）；

$v$——行人运动速度（m/s）。

人群疏散时间取值通常受疏散人员本身特性、疏散速度、人群密度、疏散人员所处位置和该位置的人流量、离安全区域的距离、安全出口的宽度和所在位置、逃生路径的选择等因素的影响。

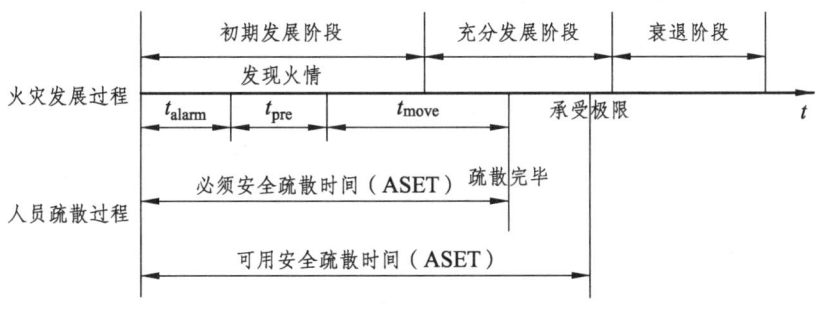

图 4-1　ASET 与 RSET 关系[46]

由图 4-1 可知，在疏散过程中，可用安全疏散时间（ASET）大于必须安全疏散时间（RSET）才能在保证安全的情况下疏散人员。

## 4.4 联络通道应急疏散设计

### 4.4.1 模型设置

1. 模型参数设置

成都地铁 18 号线隧道模型属于分离式隧道，该隧道由两条分离区间隧道组成，隧道之间每间隔一定距离便会设置联络通道，疏散平台设置在列车行驶方向的左侧，两分离式隧道通过联络通道实现了连接。在整个疏散过程中，乘客首先被疏散至疏散平台，然后经疏散楼梯离开疏散平台，最终走向联络通道，进入防火门即代表脱离事故隧道区域，如图 4-2 所示，图中箭头的指向便是乘客疏散逃生方向。

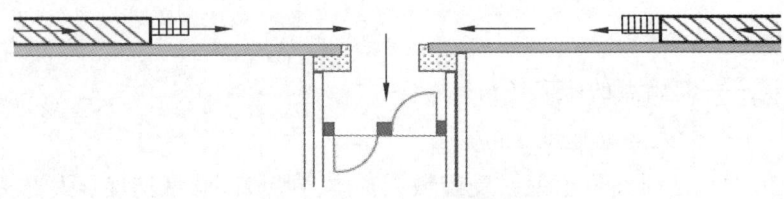

图 4-2　联络通道设置

经过调研相关列车资料可知：18 号线采用的是 8A 编组，车长 187 m，模型中列车尺寸设置为 187 m×3 m×3.8 m，本书选取长度为 1 000 m 的隧道进行模拟，联络通道与隧道中心线对称分布。隧道内疏散平台宽度设置为 1 m，疏散楼梯设置尺寸为宽 0.55 m，长 1.5 m。每辆车有 8 对车门，门开宽度为 1.4 m，因此靠近疏散平台一侧共设置 32 个车门，假设模型中列车向左行驶，便于后文研究，从左往右对车门依次进行编号为：1、2、3、…、32。

2. 行人参数设置

乘坐地铁出行的人员一般由成年男性和女性、老人以及儿童组成。

各类人员的行走速度以及身体尺寸各不相同，本文分别对以上人群的行走速度、身体尺寸以及人员比例做出规定，具体如表 4-5 所示。

表 4-5　乘客参数设置表

| 人员类别 | 肩宽/m | 行走速度/（m/s） | 占比/% |
| --- | --- | --- | --- |
| 成年女性 | 0.44 | 1.2 | 45 |
| 成年男性 | 0.44 | 1.2 | 45 |
| 儿童 | 0.35 | 1 | 5 |
| 老人 | 0.44 | 1 | 5 |

围绕 7 种不同联络通道的间距做研究，这 7 种通道的宽度分别是 100 m、200 m、300 m、400 m、500 m、600 m 以及 800 m。联络通道间距的不同导致列车停靠位置与联络通道的相对位置也会有所区别，通过搭建不同联络通道间距下的区间隧道模型，研究不同场景中行人疏散效率较高的列车开门方式，这对在突发事件下引导乘客在区间隧道内进行疏散具有十分重要的意义。

### 4.4.2　联络通道间距对疏散效率影响的研究

联络通道设置的合理性与紧急状态下的行人能否有效疏散紧密相关，在设计阶段需要设置不同的疏散场景，研究不同应急设计下的人员疏散安全。借助 Pathfinder 软件对区间隧道进行数值仿真，不仅节约了研究成本，同时能真实还原模拟场景并探索在不同应急疏散设计下的疏散效率。如图 4-3 所示，在模拟初始阶段，所有乘客设置在车厢内部，疏散开始后，行人通过所开设的车门向距离最近的联络通道走去，通过防火门走向对向车道。

图 4-3　列车局部图

图 4-4　联络通道与疏散平台正对的位置

设置列车所有车门处于敞开状态，联络通道与车门正对的区域则无法通过行人，因此模拟中此门无法使用，正对联络通道的车门处于关闭状态，如图 4-4 所示，方框内便是列车正对联络通道的例子，此处的车门不打开使用。

研究中共设置 6 种工况，如表 4-6 所示。通过设置不同联络通道间距，设定联络通道宽度为 5 m，总的模拟人数设置成最大载客量 2 958 人次，围绕行人疏散效率与联络通道设置之间的关系展开研究。

表 4-6　不同联络通道间距设置工况

| 工况 | 联络通道间距/m |
| --- | --- |
| 一 | 50 |
| 二 | 100 |
| 三 | 200 |
| 四 | 400 |
| 五 | 600 |
| 六 | 800 |

在图 4-5 中就分别展示了不同的联络通道间距设置的状态，可以看出当间距为 50 m 时，列车正对的联络通道共计 4 个，行人可选择距离最近的联络通道进行疏散。间距为 100 m 和 200 m 时，其正对数量为 2 个联络通道。当间距逐渐增加，列车与联络通道的相对位置逐渐加大。该模型中，行人会根据自身所处位置选择最佳的安全出口抵达安全区域。

设置不同宽度的疏散平台，如表 4-7 所示，疏散平台宽度设置分别是 1 m、1.2 m、1.4 m、1.6 m、1.8 m 以及 2 m，疏散楼梯设置宽度保持为当下疏散平台宽度的一半，因此随着疏散平台宽度的增加，其疏散楼梯的宽度也会随之增加，在不同的宽度设置下，行人会呈现出不同的运动行为，这些行为会对疏散效率产生一定的影响，有待进一步展开研究。

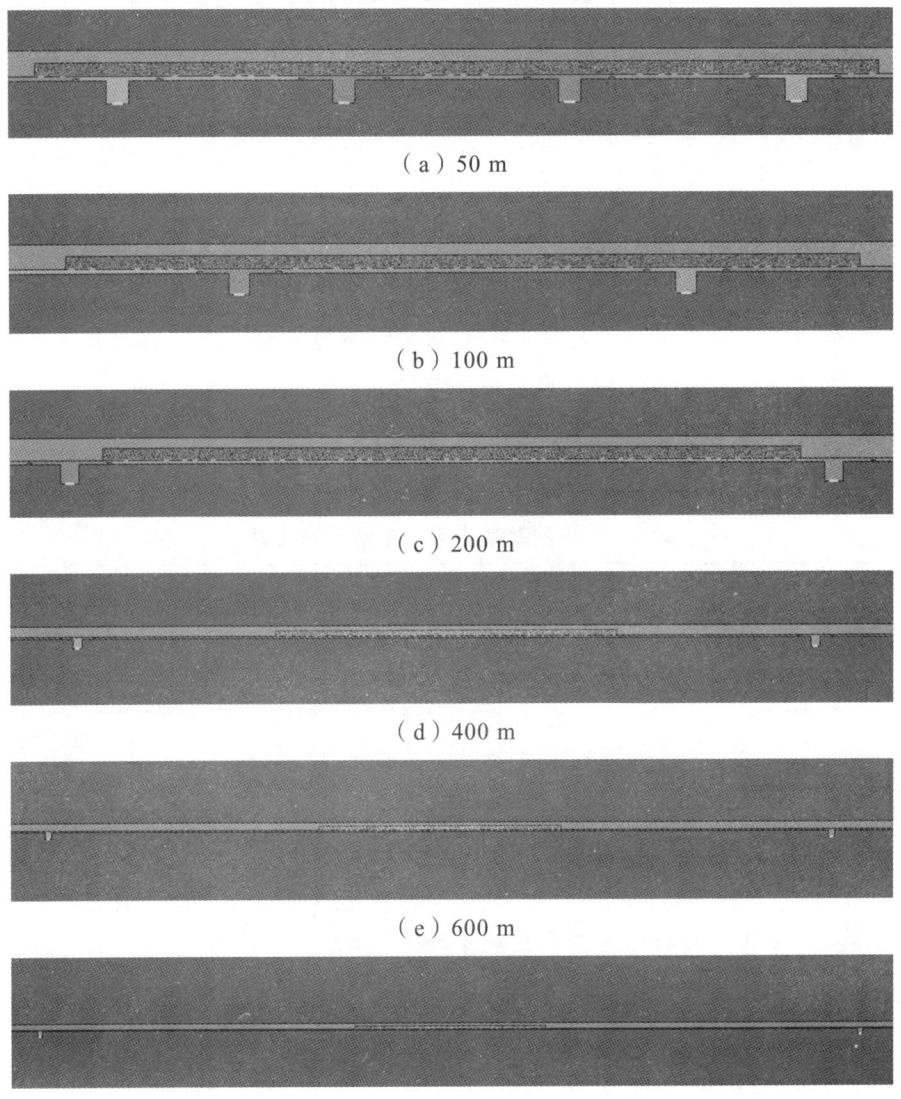

（a）50 m

（b）100 m

（c）200 m

（d）400 m

（e）600 m

（f）800 m

图 4-5　不同联络通道间距设置平面图

表 4-7 不同疏散平台宽度设置情况表

| 情况 | 模拟人数 | 疏散平台宽度/m | 联络通道宽度/m |
|---|---|---|---|
| 1 | 2 958 | 1 | 5 |
| 2 | | 1.2 | |
| 3 | | 1.4 | |
| 4 | | 1.6 | |
| 5 | | 1.8 | |
| 6 | | 2 | |

行人会先通过疏散楼梯抵达疏散通道，再通过疏散通道中设置的防火门抵达对向车道，因此，联络通道宽度会成为影响行人疏散效率的又一个重要因素。本小节通过设置不同的联络通道宽度（如表 4-8 所示，共设置 4 种联络通道宽度，宽度分别是 2 m、4 m、6 m 以及 8 m，防火门宽度保持其联络通道宽度的一半进行设置，工况分别是 7、8、9 和 10）来对不同工况下的疏散过程展开更为细致的研究。

表 4-8 不同联络通道宽度设置情况表

| 工况 | 模拟人数/人 | 疏散平台宽度/m | 联络通道宽度/m |
|---|---|---|---|
| 7 | 2 958 | 1 | 2 |
| 8 | | | 4 |
| 9 | | | 6 |
| 10 | | | 8 |

1. 工况一：联络通道间距设置为 50 m

工况一为联络通道间距设置为 50 m 的情况，由于列车车身长为 187 m，因此会存在 4 个联络通道数目与列车正对，疏散过程中有 18 个车门能被乘客使用，设置列车载客数量为 2 958 人次。图 4-6 为联络通道间距为 50 m、疏散平台宽度为 1 m、联络通道宽度为 5 m 时的疏散过程图，由于联络通道与列车位置对称分布，左右疏散状态大致一致。因此仅观测所模拟场景右侧的行人疏散状态即可。

从图 4-6 可以看出，疏散开始时，全部行人全部位于车厢内部；到 100 s 时，疏散了 587 人；150 s 时疏散人数是 986 人；250 s 时疏散总人数为 1 778 人；等到 350 s 时疏散人数上升至 1 778 人；当到了 350 s 时，疏散人数达到了 2 479 人；当时间为 462.5 s 时，所有行人完成疏散，全都抵达安全区域。从图 4-7 也可看出整个疏散过程中停留在疏散场景中的行人和已经完成疏散的行人人数变化情况，即场景中的人数随着时间的推移不断减小，直到 462.5 s 时，所有人都完成了疏散。

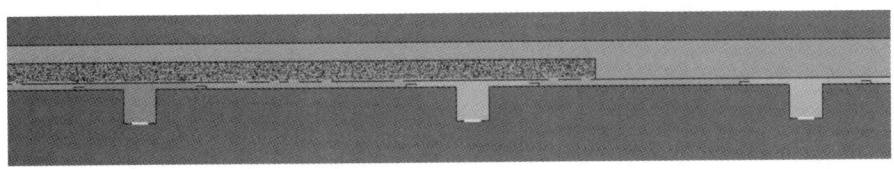

(a) 0

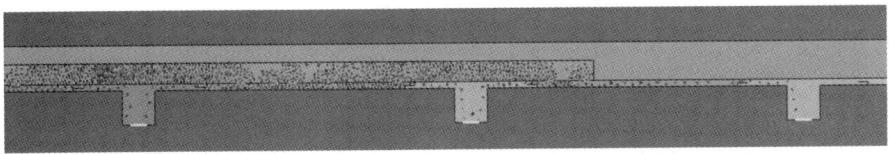

(b) 100 s

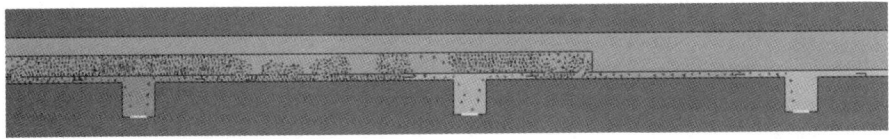

(c) 150 s

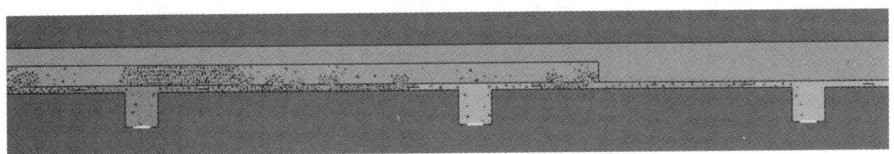

(d) 250 s

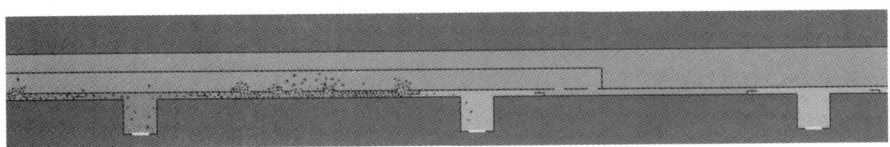

(e) 350 s

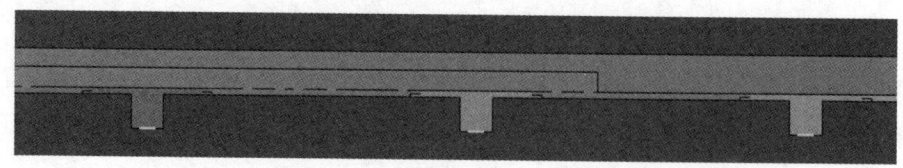

（f）462.5 s

图 4-6　联络通道间距为 50 m 状态下的疏散过程示意

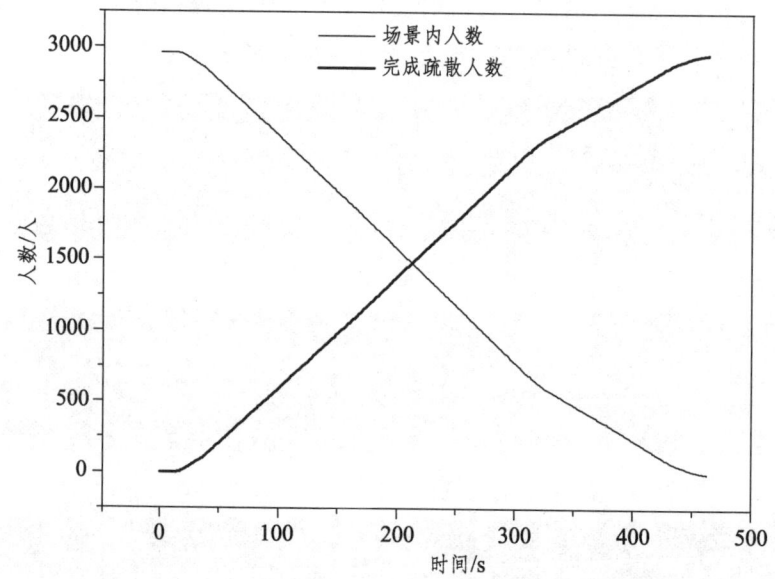

图 4-7　联络通道间距为 50 m 时，场景内和完成疏散人数随时间变化情况

流率的定义是单位时间单位面积出口通过的人数。当联络通道间距为 50 m 时，在疏散过程中乘客会选择距离最近的六个联络通道通过，为便于观测不同疏散平台宽度下的出口流率变化，将六个联络通道从左到右依次编号为 1、2、3、…、6，如图 4-8 所示。图中展示了当疏散平台宽度分别为 1 m、1.2 m、1.4 m、1.6 m、1.8 m 以及 2 m 时的出口流率，流率越大象征该出口的利用率相对更高，可以看出，无论疏散平台宽度是大是小，位于列车中间位置的出口 3 和出口 4 流率相较于两侧的联络通道更高，因此在选择出口时，距离是直接影响行人选择的第一要素，同时从图中也能看出，当疏散平台增加时，其流率并不会随之呈现一定规律的增长，研究其原因后我们发现，模型中的疏散平台和联络通道之

间设置了一定宽度的楼梯，楼梯的设置对于乘客的疏散来讲起到了一定的限制作用，会在一定程度上限制行人疏散的速度，模型中成年人的肩宽均设置为 0.44 m，当疏散楼梯宽度仅允许一人通过时，在一定范围内增加楼梯的宽度会加剧行人在疏散过程中在楼梯前的拥挤度，较多的行人会拥挤在楼梯前，更加限制了行人的通行效率。然而在疏散平台宽度为 1 m、楼梯设置为 0.5 m 时，在将要抵达楼梯前，行人会自觉地在楼梯前排队等候，有序地通过楼梯，因此，这样的效率会相对较高。

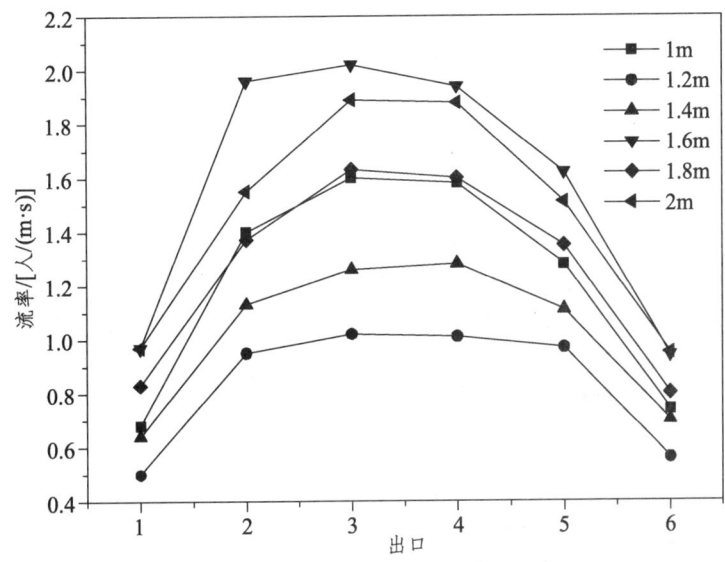

图 4-8　联络通道间距为 50 m，不同疏散平台宽度下的流率

从图 4-9 中可以看出：当联络通道间距设置为 50 m 时，疏散时间会受到联络通道宽度的影响。宽度越大，其疏散时间就越低，联络通道宽度越小会越限制行人通过防火门，因此疏散时间会随之上升。

2. 工况二：联络通道间距设置为 100 m

工况二中当联络通道间距为 100 m 时，与列车所处位置正对的联络通道个数为 2。在疏散过程中，存在 26 个可开设的车门供行人疏散，我们可观测到乘客会选择距离最近的 4 个联络通道去完成整个疏散。

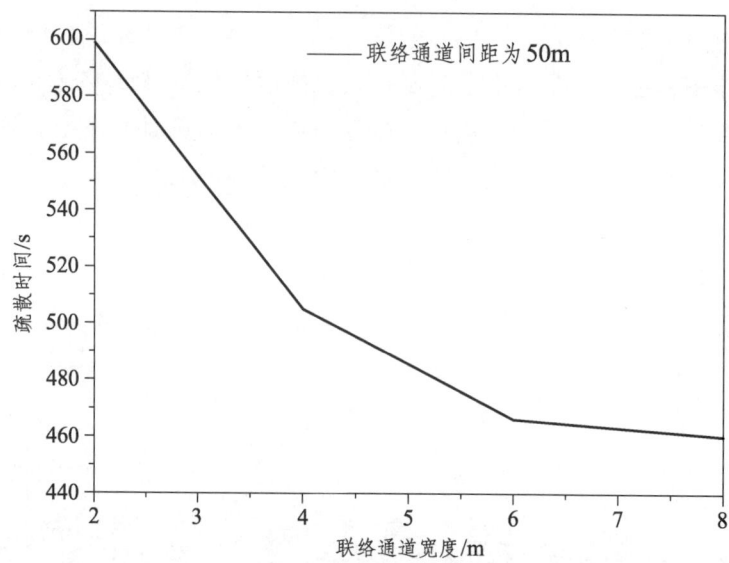

图 4-9 疏散时间随联络通道宽度变化情况

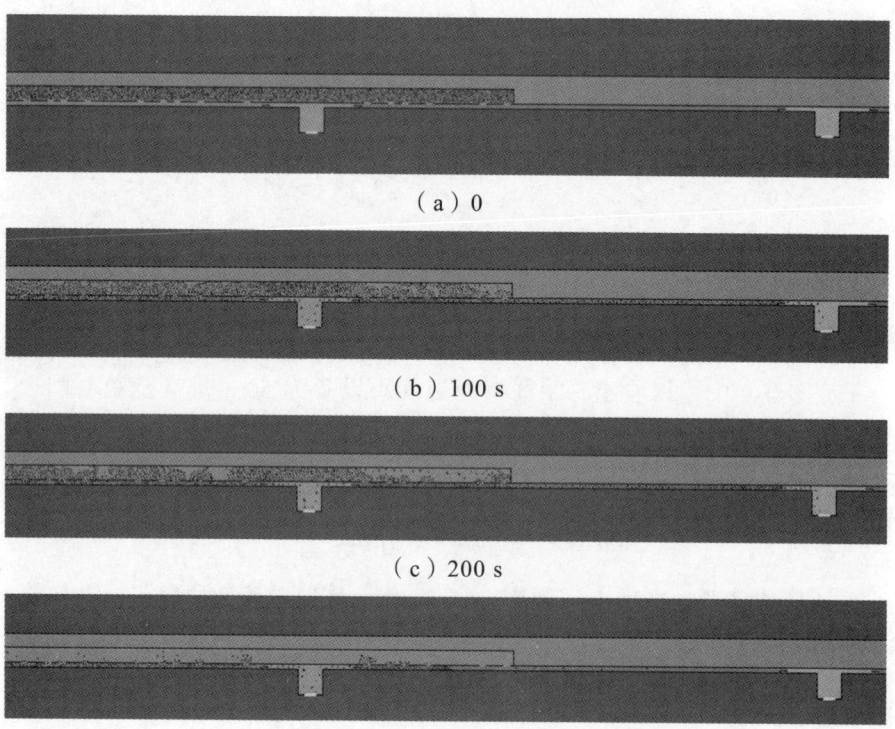

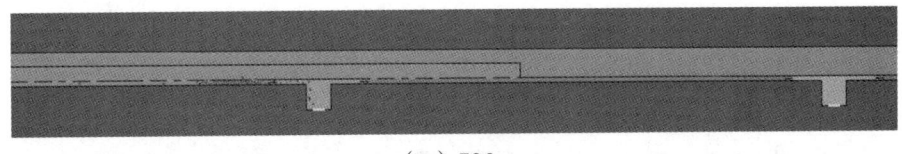

(e) 730 s

(f) 806.3 s

图 4-10　联络通道间距为 100 m 状态下的疏散过程示意图

如图 4-10 所示。该图是联络通道间距为 100 m、疏散平台宽度为 1 m 时的疏散过程示意图。图中 2 958 人在疏散最开始都在列车内部；疏散开始时，乘客会选择最佳的安全出口进行疏散；当疏散时间到 100 s 时，共有 302 人完成疏散；当疏散时间为 200 s 时，疏散人数为 785 人；如图 4-10（c）所示，乘客会在不同车门前进行排队等候疏散，形成明显的分流；当疏散时间为 500 s 时，几乎所有行人都已经走出列车并抵达疏散平台，此时距离较远的联络通道则不被利用，多数乘客会选择距离较近的联络通道通行。图 4-11 是疏散平台宽度为 1 m 时的疏散人数随时间变化图，通过图 4-11 可以看出疏散人数随着时间的推移会不断增多，而场景内人数会不断减少，直到 806.3 s 时所有乘客全部疏散完成。

从图 4-12 中可知，不同的疏散平台宽度，出口流率均会随着疏散平台宽度的增加而有所提升。当疏散平台宽度为 1.2 m 时，楼梯前堆积了大量的行人，会有更多行人阻塞在楼梯前，导致行人通行楼梯时间较长，整个的疏散时间也会随之被拉长。当联络通道间距为 100 m 时，宽度由 2 m 增加至 8 m，疏散平台宽度设定在 1 m，此时疏散时间会随宽度的增加而减少，如图 4-13 所示，但可以看出当联络通道很小（2 m）时，其疏散时间和其他宽度的联络通道的疏散时间相比差距较大，而对于联络通道宽度较大的情况（如联络通道宽度为 4 m、6 m、8 m 时），其疏散时间的差距并不明显，导致整个现象发生的可能原因是楼梯的设置在一定程度上对整个疏散过程起到一个疏散瓶颈的作用，当行人有序通过楼梯后，面对相对宽度较大的联络通道，都能有序通过联络通道的防火门，因此时间上的偏差不会太大。

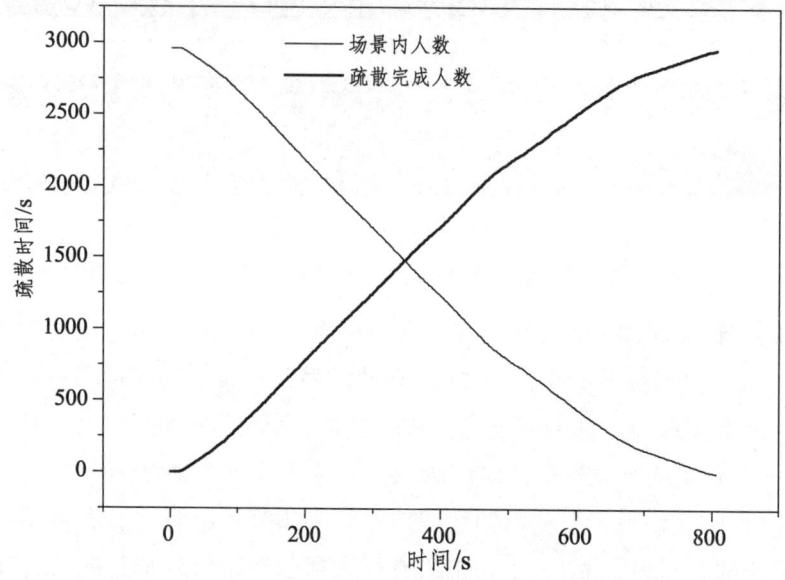

图 4-11 联络通道间距为 100 m 疏散时间变化情况

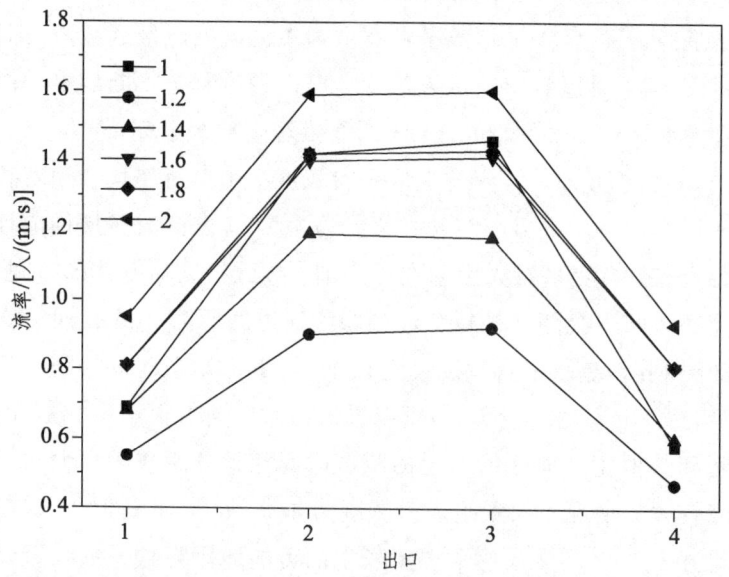

图 4-12 联络通道间距为 100 m 时不同疏散平台宽度下的流率

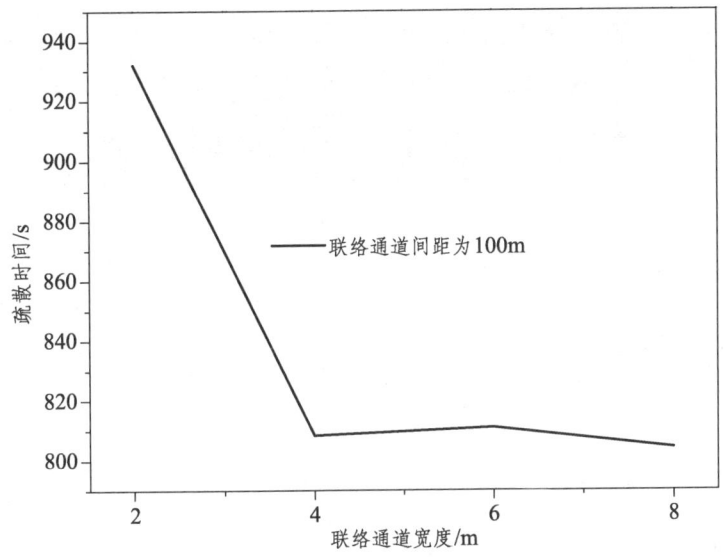

图 4-13 疏散时间随联络通道变化情况

3. 工况三：联络通道间距设置为 200 m

工况三中联络通道间距为 200 m，共计 30 个门开设，列车与两个联络通道正对设置，疏散过程中选择通行的联络通道是距离车门最近的两个联络通道。

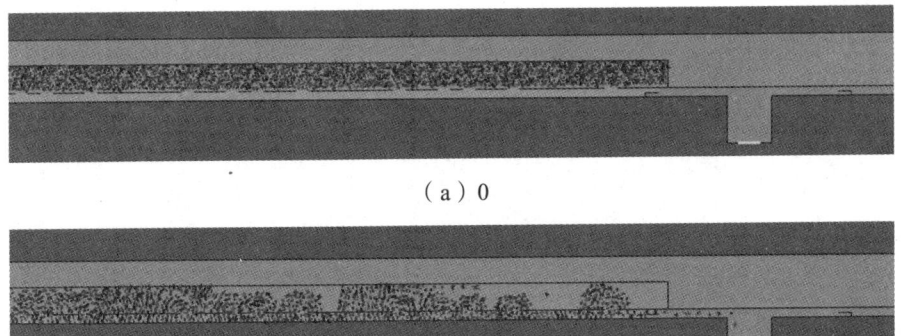

（a）0

（b）400 s

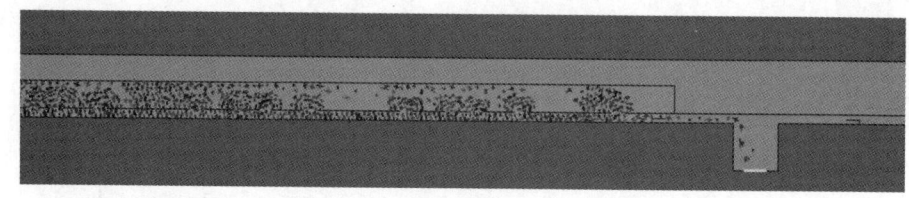

(c) 600 s

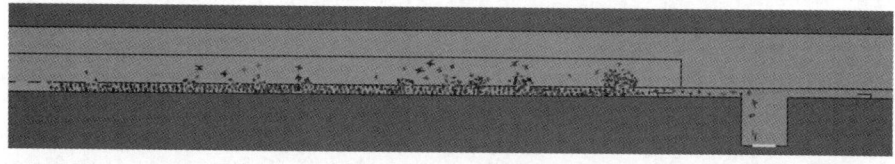

(e) 1 400 s

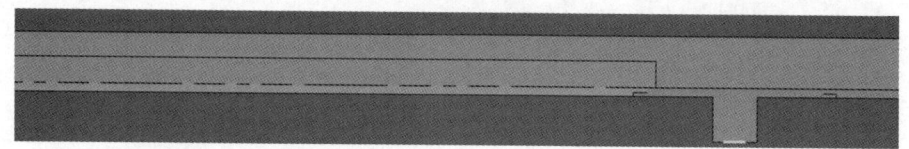

(f) 1 849.5 s

图 4-14 联络通道间距为 200 m 状态下的疏散过程示意

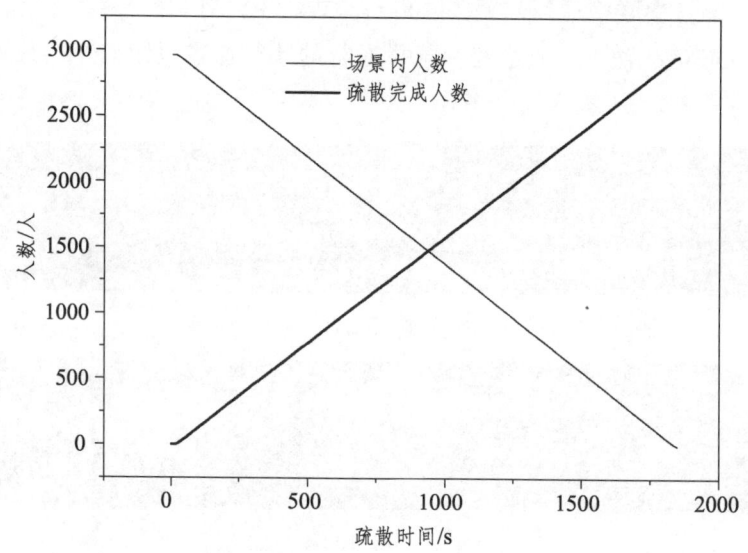

图 4-15 联络通道间距为 100 m 疏散时间变化情况

图 4-14 中，在疏散时间为 0 s 时，2 958 人全部位于车厢内部；当疏

散时间为 400 s 时，已有 616 人完成疏散，可以看出所有乘客中堆积在车门前的已经开始选择从最有利的车门通过，而距离车门较远的乘客还处于不断徘徊的状态；当疏散时间为 600 s 时，已有 940 人疏散完成，乘客对路径的选择已经比较明显；当疏散时间增长到 1 400 s 时，车厢内多数乘客已经疏散至车厢外部，疏散平台上的行人则会通过疏散楼梯上行走至联络通道，此时疏散完成的总人数为 2 235 人；最终直到 1 849.5 s 时所有乘客疏散完成。

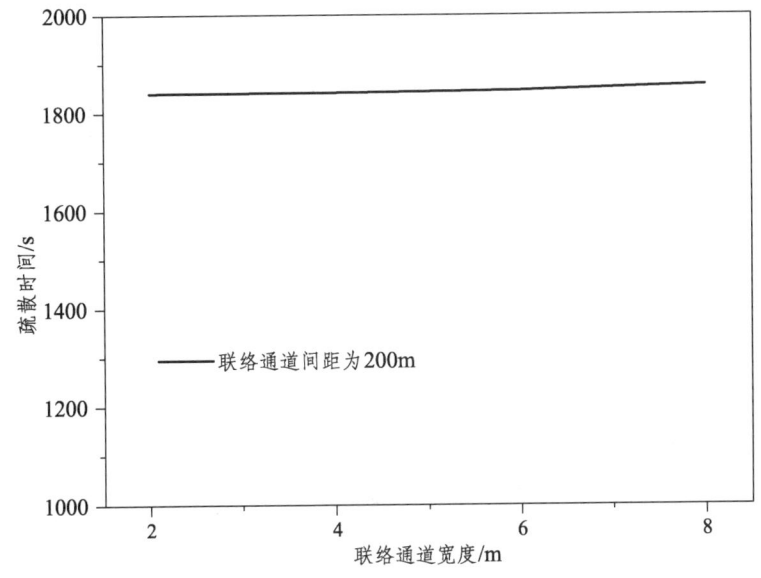

**图 4-16　疏散时间随联络通道宽度变化情况**

图 4-15 展示了场景内行人疏散数量的变化情况，可以看出场景内的人数随时间变化的趋势，行人在第 18 s 时开始逐渐减少，直至所有人疏散出场景。图 4-16 中，当联络通道间距为 200 m 时，不同联络通道宽度下的疏散时间差距不大，可能的原因是：当间距为 200 m 时，供乘客选择的联络通道仅有 2 个，因此联络通道宽度的设置对疏散效率的影响不大，同时疏散平台到联络通道的通行楼梯起到一个瓶颈并限制人流的作用，使得行人在通过联络通道时能有序通行，因此宽度的限制在一定程度上带来的影响较小。

4. 工况四：联络通道间距设置为 400 m

演示情况如图 4-17 所示，工况四的链路通道间距设置为 400 m，当疏散刚开始时，所有乘客均被设置在列车内；当疏散时间为 200 s 时，140 人已经疏散至场景外；1 000 s 时，已有大约 1 500 人疏散至场景外；1 500 s 时，疏散人数达到 2 327 人，所有乘客均脱离列车至疏散平台；直到 1 882 s 时，所有乘客均疏散完成。由于联络通道是对称分布的，因此选择两通道的总人数大体一致，观察计算结果可得出两联络通道出口流率为 0.83。

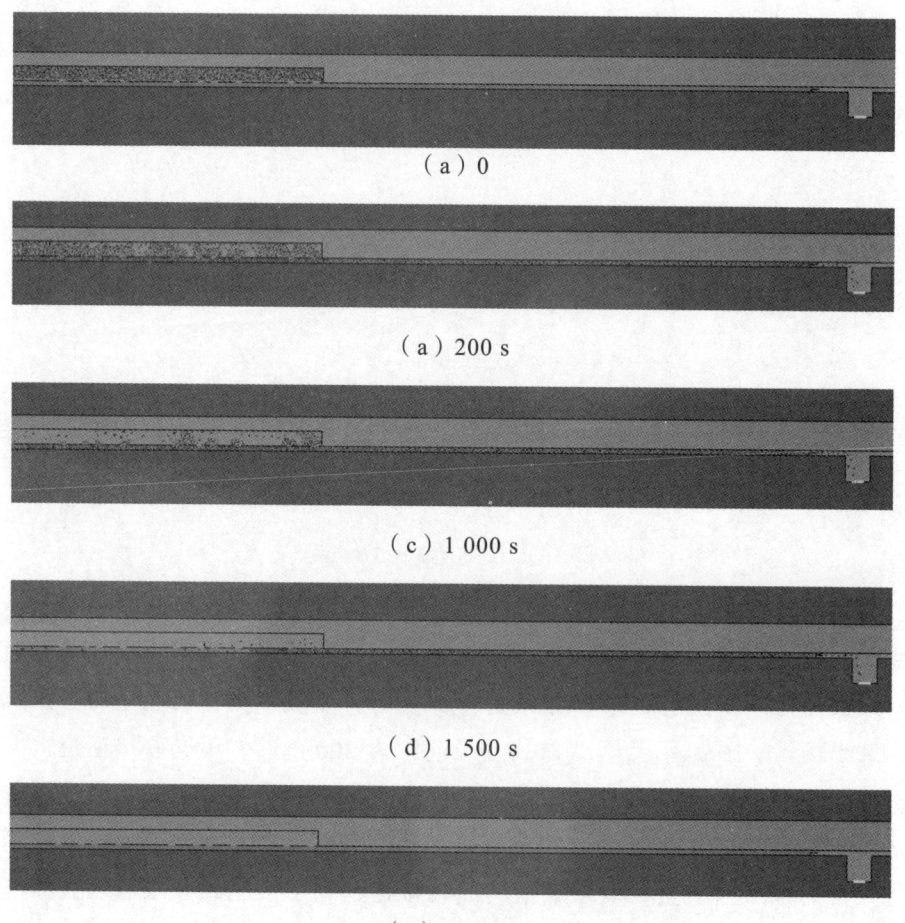

（a）0

（a）200 s

（c）1 000 s

（d）1 500 s

（e）1 882 s

图 4-17　联络通道间距为 400 m 时行人疏散过程

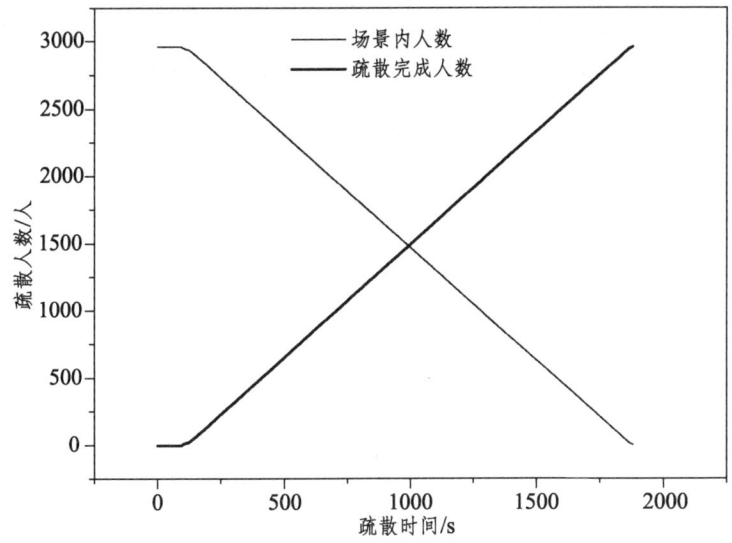

图 4-18 疏散人数随疏散时间变化情况

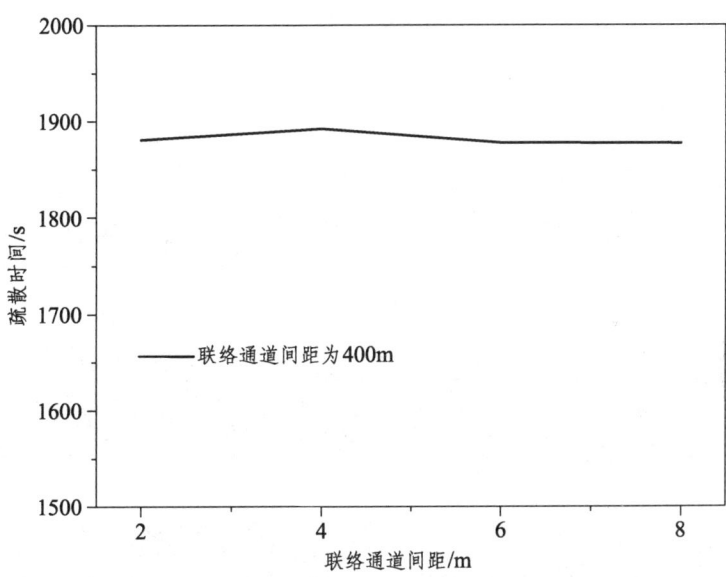

4-19 联络通道间距为 400 m 时，疏散时间随人数变化情况

同样的，对联络通道间距设置成 400 m 时的疏散人数变化情况进行

分析，可知其变化情况如图4-18所示，由图可知联络通道间距的增加势必会造成行人抵达联络通道时会经过一段较长的行走时间，因此图中黑色曲线表示的是场景内的人数，场景内人数从第98 s开始会不断降低，最终减少到0时，所有乘客均疏散出该场景。

通过图4-19可以看出，联络通道间距是400 m时，疏散时间同间距是200 m时的情况是类似的，联络通道间距的增加让行人在整个疏散过程中有序地通过一段距离的疏散平台，该平台一定程度上限制了行人流堆积在列车门口的现象出现，因此联络通道的宽度对疏散效率的影响并不明显，并且在工况四的情况下，疏散时间大致会保持在1 800~1 900 s。

5. 工况五：联络通道间距设置为600 m

工况五是联络通道间距为600 m的情况如图4-20所示，同样的，设置列车内的乘客总数为最大载客量2 958人。第500 s时，已有449人完成疏散，并且很多疏散平台占据了联络通道之间的疏散平台；第1 000 s时，已经存在1 245人疏散出该场景，车厢中已存在较少的行人；1 500 s时，几乎所有行人已经走出列车，都在疏散平台上向两端的联络通道走去。直到2 048.3 s，所有行人均已完成疏散。

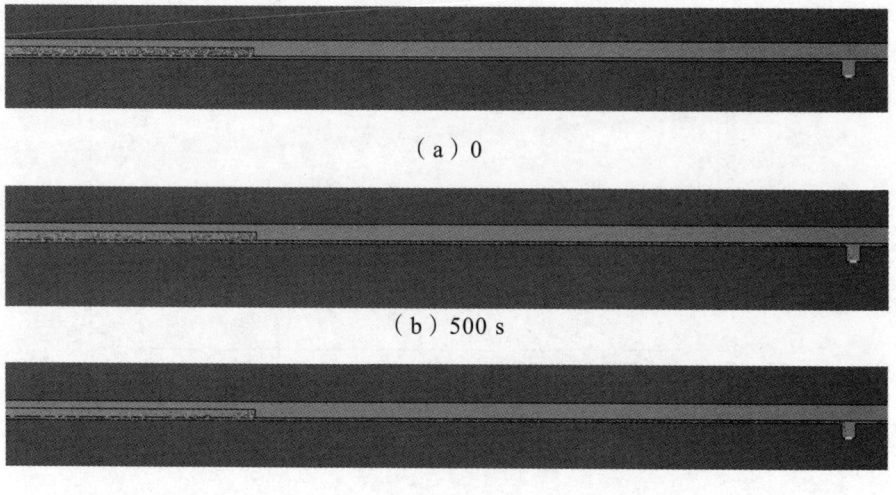

(a) 0

(b) 500 s

(c) 1 000 s

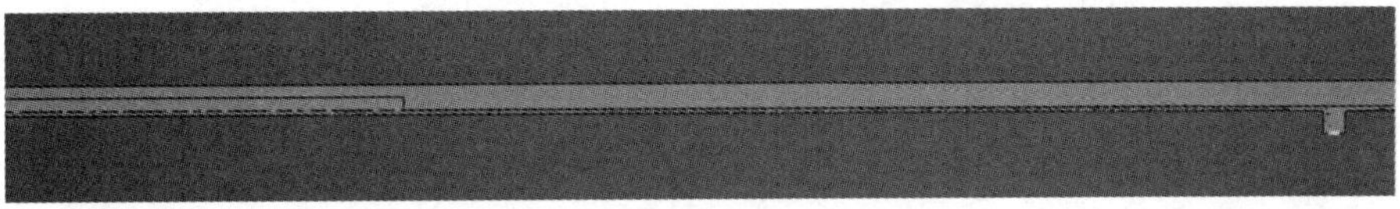

(d) 1 500 s

(e) 2 048.3 s

图 4-20 疏散时间随联络通道宽度变化

在最终疏散结果中,联络通道流率分别是 0.8 和 0.78,相比较联络通道间距是 400 m 的情况,其流率稍有降低,从图 4-21 可以看出,在疏散的整个过程中,时间为 180 s 时,处于疏散那场景内的行人数量才开始降低,这是由于联络通道间距的设置导致行人到达联络通道时会走行一段距离。图 4-22 是在该工况下行人的疏散时间随联络通道宽度变化的疏散时间变化图,可以看出疏散时间大约是维持在 2 100~2 200 s。

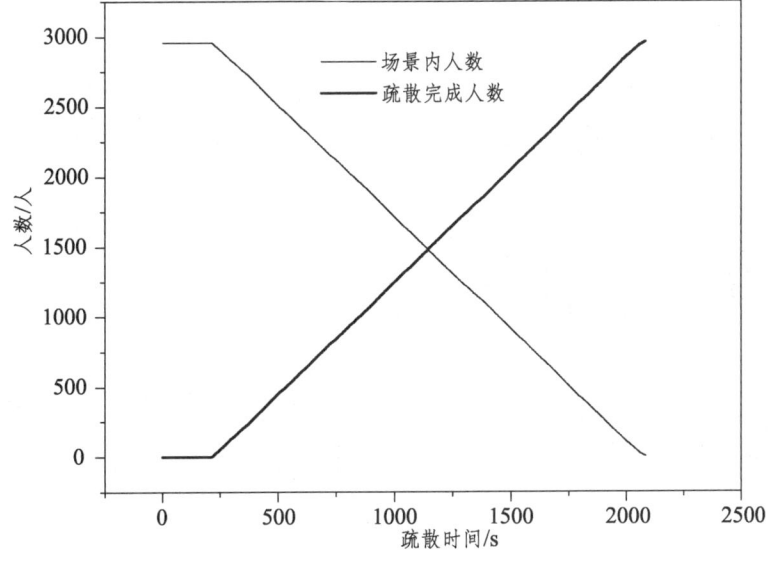

图 4-21 场景内人数随时间变化情况

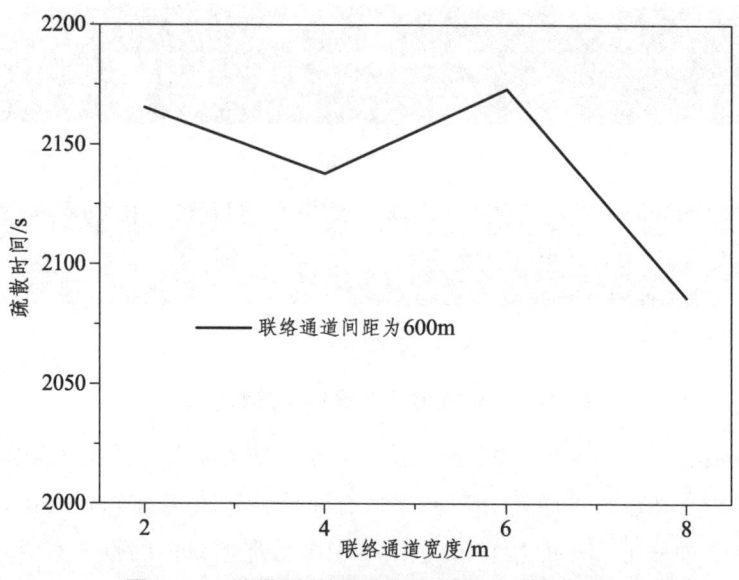

图 4-22 疏散时间随联络通道宽度变化情况

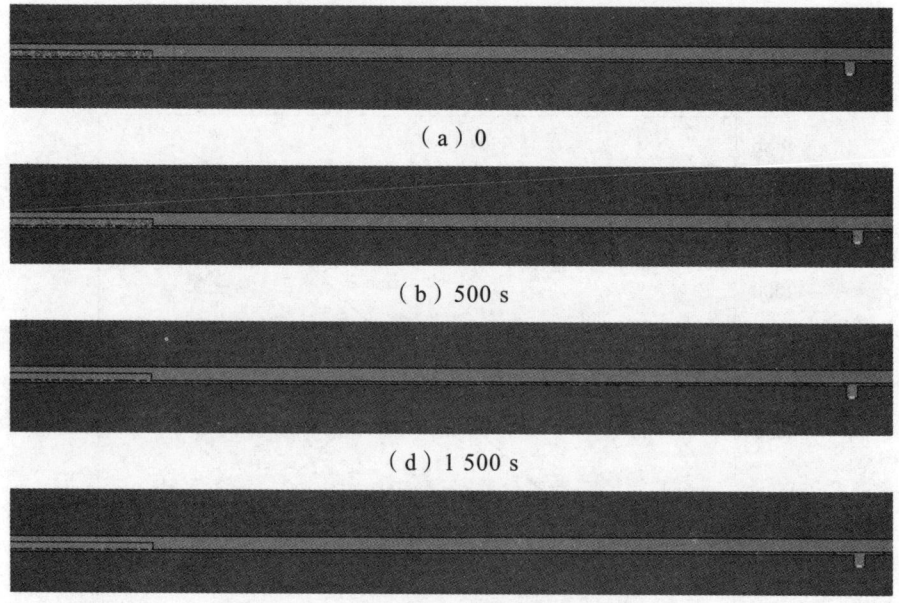

图 4-23 联络通道间距为 800 m 时疏散过程

## 6. 工况六：联络通道间距设置为 800 m

联络通道间距设置为 800 m 时的疏散过程如图 4-23 所示，该图中的联络通道间距设置成 800 m，可以看出，乘客从车厢内疏散至疏散平台后需走行较长的一段距离才能抵达联络通道并通过防火门完成疏散。当疏散时间为 500 s 时，已有 291 人疏散出区间，车厢内行人数量不断减少；当疏散时间为 1 500 s 时，在此种工况下的所有行人均疏散出该车厢区域，并抵达疏散平台，此时完成疏散总人数为 1 868 人；直到 2 267.8 s。所有行人均疏散出该隧道区间。疏散完成后观察其两个联络通道的流率分别是 0.78 和 0.76。

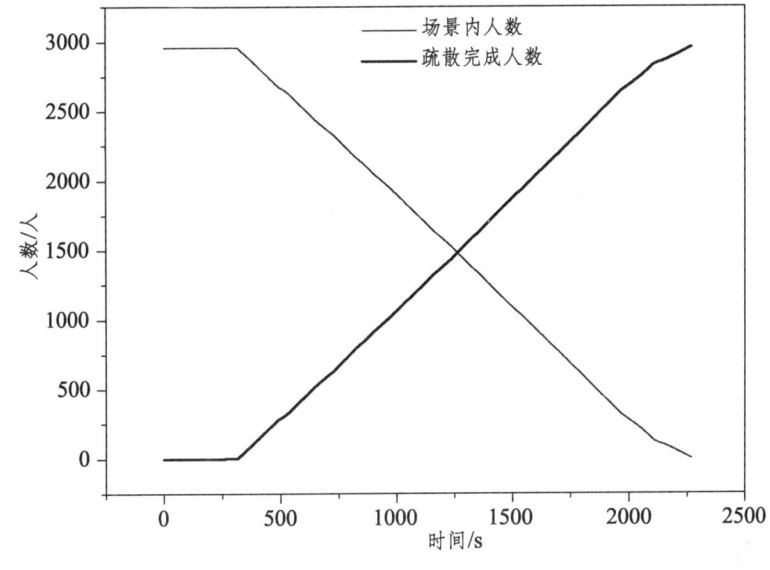

图 4-24 疏散人数随时间变化情况

从图 4-24 中可以看出，第一个走出该疏散场景的行人所需的时间进一步增加，在第 265 s 第一个行人走出该场所。同时疏散时间也呈现着与联络通道间距为 400 m 和 600 m 类似的规律，呈现保持稳定的态势，但总体有所上升，由于疏散平台上走行距离的增加使得整体疏散时间有所提升，几乎维持在 2 200 ~ 2 300 s。

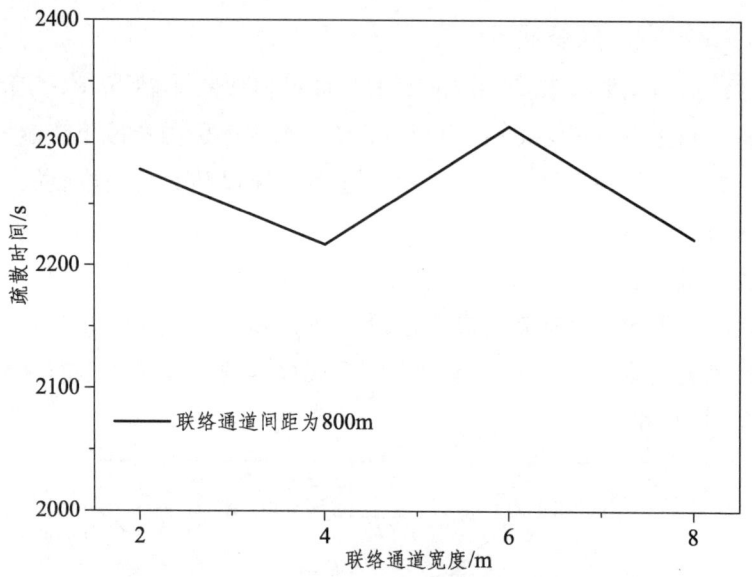

图 4-25 疏散时间随联络通道宽度变化情况

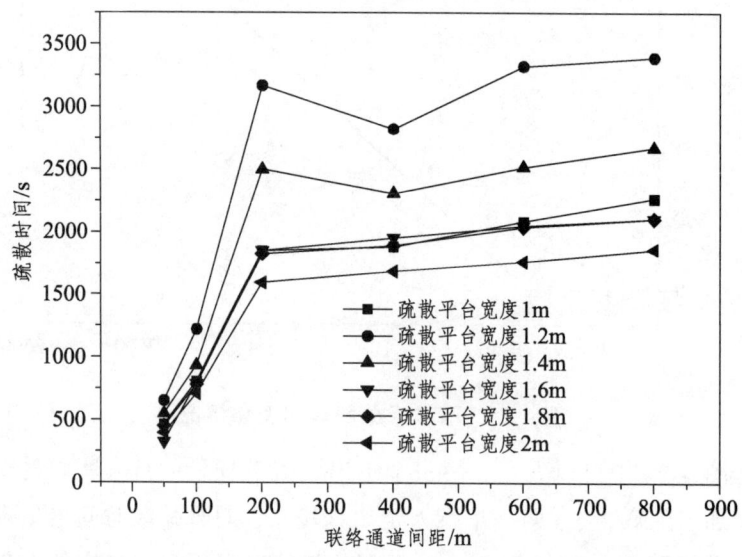

图 4-26 不同疏散平台宽度下的疏散时间变化情况

在图 4-26 中，疏散时间是随着联络通道间距的增加而迅速得到提升的，但是我们也能发现，疏散效率不会随着疏散平台宽度的增加而呈线性变化，这是由于在 18 号线中，疏散平台与联络通道并非直接相连，乘客在通向联络通道时需要通过楼梯抵达联络通道区域,疏散平台的宽度会对模型中的人的行为产生影响,当疏散平台较宽时,楼梯宽度也较宽,此时会加剧行人在楼梯前的拥挤程度,从而影响行人的疏散效率,使其疏散时间相对较大。

### 4.4.3 车厢开门策略研究

本书共设置 3 类列车车厢开门策略,分别是列车车门全部开启、仅考虑开设端头车门、每个车厢只开设第一个车门。当联络通道间距较小时,紧急情况下容易出现列车与联络通道正对的特殊情况。图 4-27 分别展示了联络通道间距为 100 m 和 200 m 时的部分现场模拟情况。该图分别展示了联络通道间距为 100 m 和 200 m 的部分现场模拟情况。图中黄色横线表示列车车门,另一侧车门在疏散过程中不开启,模型中不作标记。红色圆圈内的列车车门正对联络通道区域,在疏散过程中这部分车门不能开启。

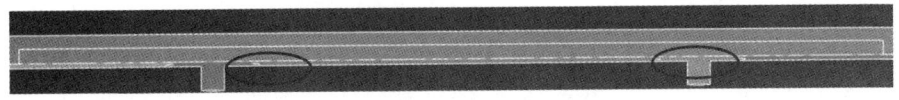

(a)联络通道间距为 100 m

(b)联络通道间距为 200 m

图 4-27 列车停靠示意图

基于所建的不同模型场景,接下来围绕不同联络通道间距下,不同开门策略对行人疏散效率的影响展开研究。当联络通道间距较大时,列车位于两个联络通道之间,因此所有开门策略均可设置。对于一些特殊情况,比如间距为 200 m,联络通道正对列车,当开设端头车门时,端头车门无法使用,且无更多开设的车门供乘客选择,因此该模式无法实现,需要我们具体展开分析。

1. 车厢车门全开

通过设置不同数量的乘客总人数,能够观测到不同间距下列车车门保持全开的行人疏散效率。图 4-28 表示在不同联络通道间距下,乘客总数分别为 100、500、1 000、1 500 以及最大载客量 2 958 人时的疏散时间示意图。

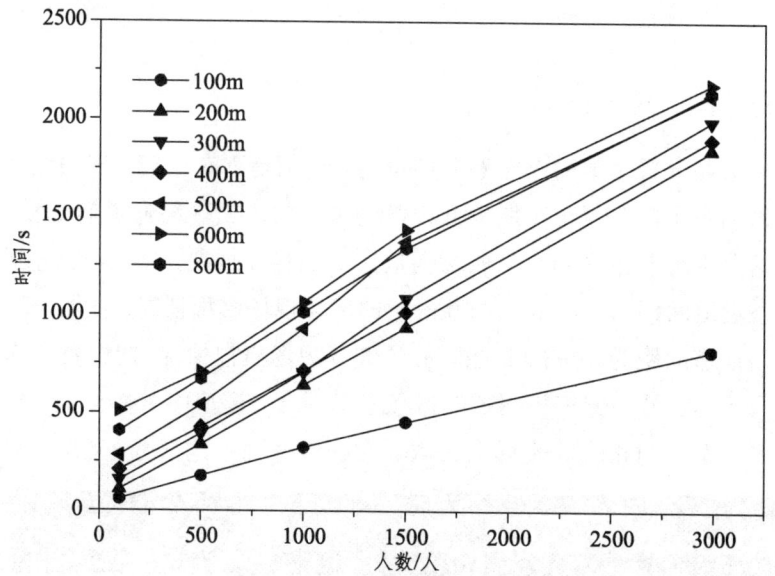

图 4-28　车厢车门全开时疏散时间随人数变化情况

由图 4-28 可知,无论间距大小,疏散时间总是随着人数的增多而呈现逐渐上升的趋势。对于不同的联络通道布置,疏散时间变化也略有不同。当联络通道间距为 100 m 时,其远远低于联络通道间距大于 100 m 时疏散时间随人数增加的速度,其原因是在模型设置中,虽然当间距较小时,列车能正对联络通道停靠,正对联络通道的车厢车门无法开启,但是此处的联络通道在一定程度上缓解了列车中部乘客的疏散压力,减少了中部乘客位于车厢的排队等候时间,可以看出联络通道间距较小时会导致联络通道正对列车,行人可选择的路径增多,疏散效率有所提升。

2. 列车车厢开设端门

图 4-29 表示在不同联络通道间距下,当乘客总数分别为 100、500、1 000、1 500 以及最大载客量 2 958 人时,列车车厢保持开设一个端门和两个端门同时开启时的疏散时间变化。

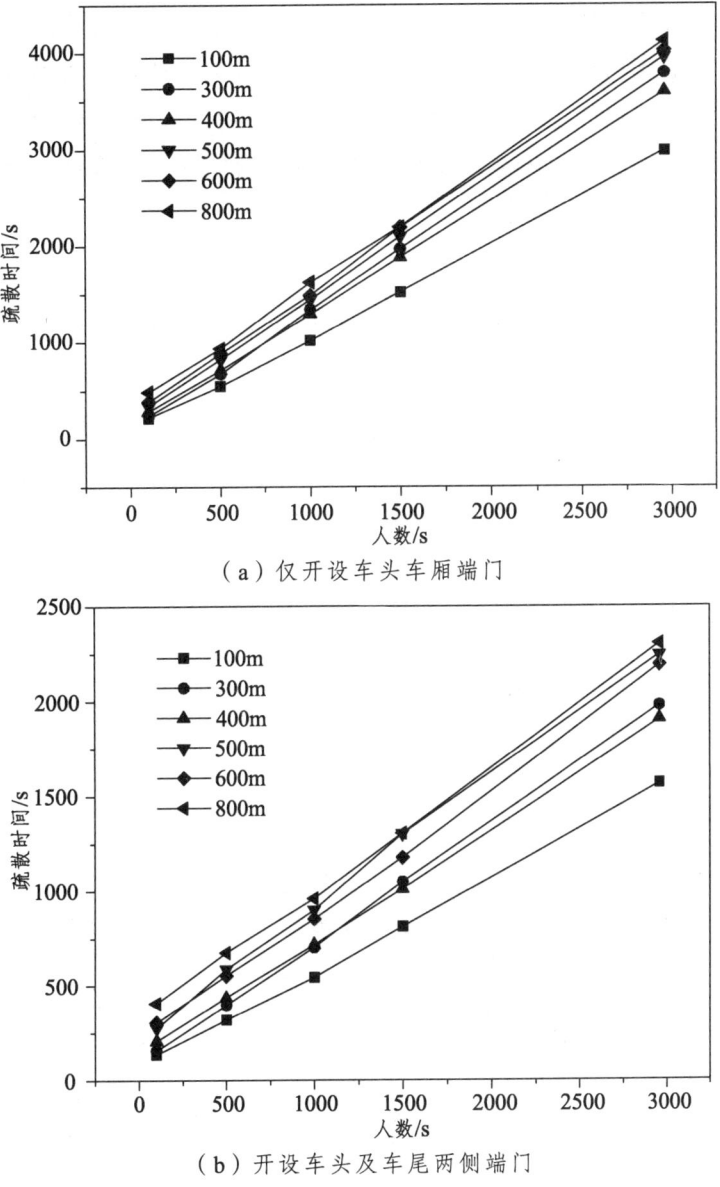

（a）仅开设车头车厢端门

（b）开设车头及车尾两侧端门

图 4-29　车厢开设端门时疏散时间随人数变化情况

由图 4-29 可知，首先，在两种开设车厢端头车门的开门策略中，疏散时间都是随着人数的增多而不断增加的，同时联络通道间距越大，其疏散时间也会有所提升。其次，对比两种不同的开门策略，相对于仅开设一个端头车门的情况，开设两端头车门时的疏散效率会更高。这是由于开设两端车门后，车厢内乘客自动分成两股人流选择距离本身较近的车门，而对于仅开设一个车门的情况而言，仅有一个车门供行人选择，因此在较长一段时间内会存在乘客在车厢内排队等候的现象，因此其疏散时间较高，疏散效率较低。

3. 每个车厢只开设第一个车门

同样的，每小节内容旨在联络通道间距依次设置为 100 m、200 m、300 m、400 m、500 m、600 m 以及 800 m 的情况时，研究每节车厢第一个车门开放时列车上乘客的疏散效率。此时，联络通道间距小于 300 m 时，由于列车位于联络通道正对的位置，因此无法让所有车厢的第一个车门均保持开放状态，这些车厢中的乘客将选择另外的出口进行疏散。通过图 4-30 中可以看出其与上两节开门策略相比有着类似的规律，其疏散时间会随着联络通道间距以及乘客总人数增加会不断提升。

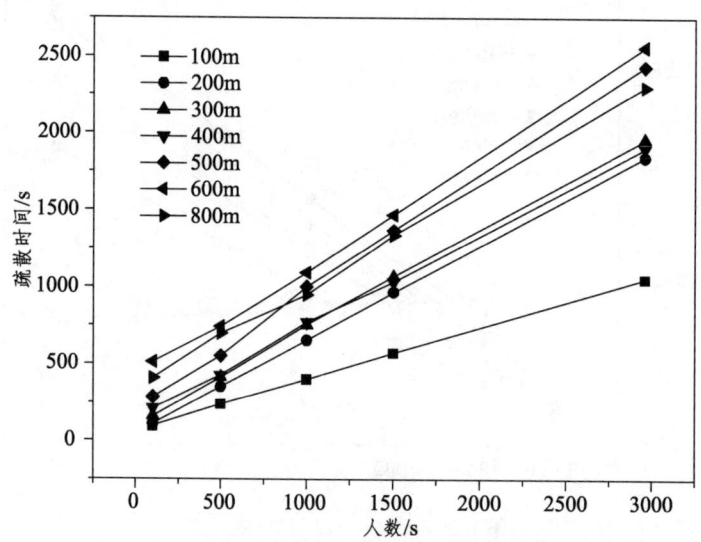

图 4-30　车厢开设端门时疏散时间随人数变化图

对比以上四种开门策略下的疏散效率，以车厢所承载的乘客数量达到最大客运量 2 958 人为例。图 4-31 是不同开门策略下的疏散时间图，模式 A、模式 B、模式 C 和模式 D 分别表示列车车门全部开启、仅考虑开设一个端头车门、开设两个端头车门以及每个车厢只开设第一个车门等的开门模式。

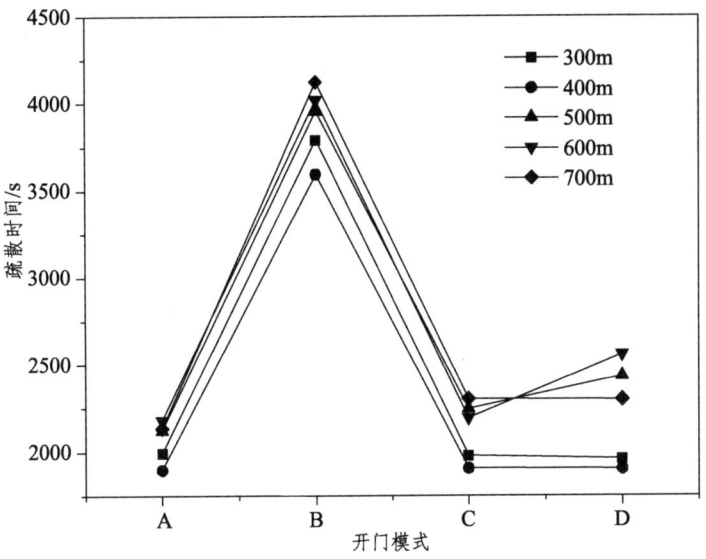

（a）不同开门策略下疏散时间变化情况

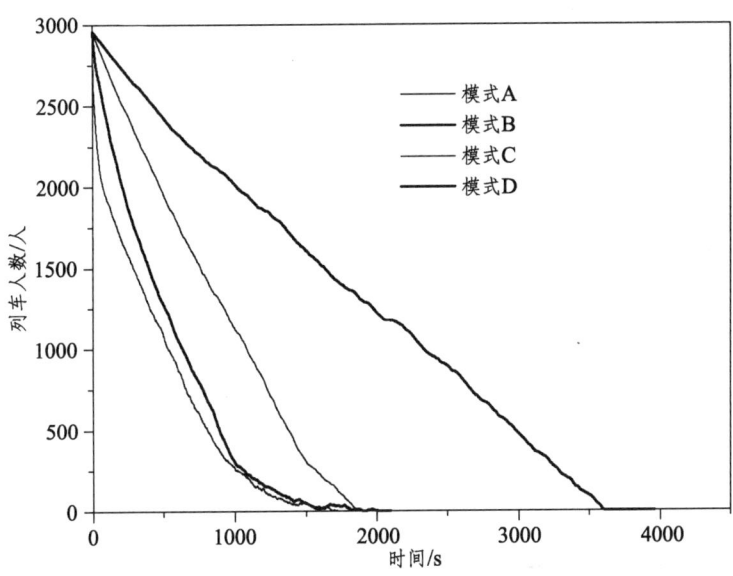

（b）联络通道间距为 500 m 时列车人数随时间变化情况

图 4-31　不同开门策略下的疏散结果

在图4-31（a）中可知：当处于模式B时，列车车厢仅开设一个车门，其疏散时间明显高于其他开门模式，然而对于开设多个列车车门的情况，开设车门的数量多少并不会显著改变乘客疏散时间，这是因为当列车中部开设车门时，即便列车中部的乘客能够较为快速地移动到疏散平台，也会因为疏散平台宽度受限，导致列车中部的乘客仍在列车上排队等候，疏散至疏散平台的乘客会等列车两端乘客疏散完成后才能开始疏散。图4-31（b）表示联络通道间距为500 m时，列车中存在的人数随时间变化情况。模式A中，所有车门均开设，此时行人能以较快的速度疏散出列车，但是其疏散时间与模式C和模式D相比差距不大，而仅开设一个车门的模式D，列车中所有行人走出列车的时间是最长的，其疏散时间也是最久的。也可说明车门的增加只能起到让乘客迅速逃生至疏散平台的作用，而不能直接提高整个疏散效率，综上所述，突发事件下，当联络通道间距较大，列车位于两个联络通道之间时，建议不开设所有列车车门，仅在列车两端各开设一个车门即可。

当间距为200 m时，两个端头车门均与疏散楼梯正对，行人无法通过，同时没有更多的车门开设来供乘客通行，开设端门的开门模式均无法实现。为寻求操作性较强的开门策略，应在尽可能保障乘客较快地进行疏散的前提下减少列车车厢开门数量。此时，可通过开设端头车厢的第二个车门来引导乘客疏散。下面对该情况做出具体研究，如表4-9罗列了间距为200 m时，不同的车厢开门模式。

表4-9　间距为200 m时，列车开门模式

| 开门模式 | 开设车门 |
|---|---|
| $A_{200}$ | 所有车门（除车门1和车门32之外） |
| $B_{200}$ | 车门2 |
| $C_{200}$ | 车门2、31 |
| $D_{200}$ | 每节车厢第一个车门 |

模式$A_{200}$是开设所有车门，$B_{200}$是开设车头第二个车门，$C_{200}$是开设列车两端头的第二个车门，$D_{200}$是开设每节车厢的第一个车门，此时

车门1正对联络通道，无法开启。在图4-32（a）中可以看出：开门模式处于$B_{200}$时（即开设一个车门），其疏散时间是最长的。其他模式下，行

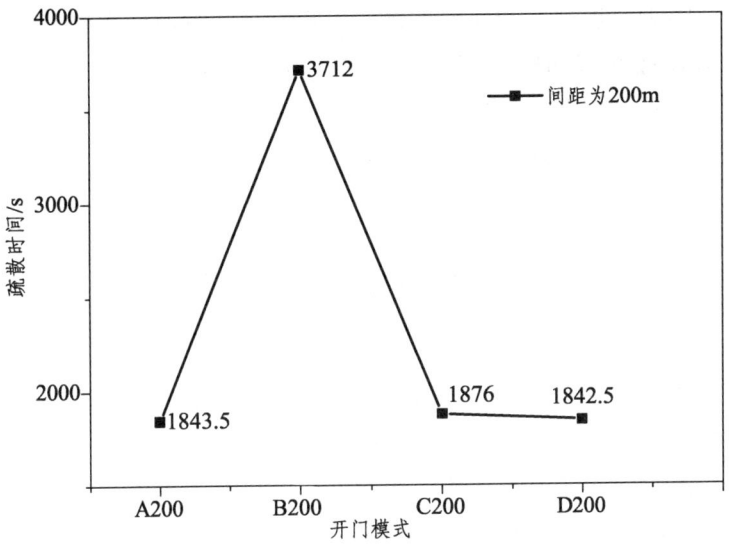

（a）不同开门模式下的疏散时间示意图

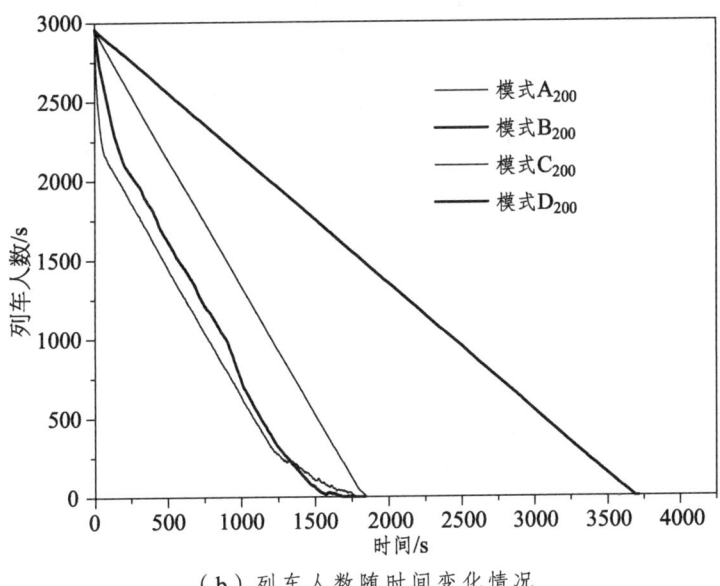

（b）列车人数随时间变化情况

图4-32　间距为200 m时，在不同开门模式下的疏散结果

人的疏散时间相差不大。从图 4-32（b）中也可看出在模式 B200 下，所有乘客走出车门耗费的时间最长且整个疏散时间也最久。所开设的车门越多，乘客疏散出列车的速度就越快，而整个疏散时间却相差不大。在综合考虑疏散效率和便于现场工作人员现场开展应急组织工作的基础上，当列车车头和车尾正好正对两个联络通道时，建议开设列车两端头的第二个车门，选取模式 $C_{200}$。

## 4.5 小结

基于地铁隧道火灾和行人疏散的特征，本章建立了火灾模型和行人疏散模型，从应急疏散的角度研究区间联络通道及应急疏散设计，火灾模型能还原区间真实着火环境，并对整个着火过程有害气体、温度等指标进行精准识别，行人疏散模型的建立能真实呈现行人在隧道内的疏散状态，通过两类模型设定不同的研究工况，对不同工况下的行人安全性展开分析并探索出较为合理的应急疏散设计。

本章建立了相应的疏散模型，先围绕隧道内不同的疏散通道设计的合理性展开研究，设计出不同联络通道宽度和疏散平台宽度下的隧道疏散场景，探索不同工况下的乘客疏散效率，然后对列车停靠在区间疏散时列车开门策略与疏散效率之间的关系展开分析并探索对应状况下最佳的开门策略。

# 5 长大区间应急救援方案

## 5.1 应急处置机构及职责

应急处置机构一般由应急救援指挥机构、应急专家组、抢险队伍等组成,其中应急救援指挥机构包括应急指挥中心、现场指挥部、应急响应中心三级,应急专家组由内部和外部专家组成,应急抢险队伍由区域应急抢险队伍、专业抢险队伍等组成。

### 5.1.1 应急救援指挥机构

1. 应急指挥中心组成及职责

应急指挥中心组成及职责一般由运营企业负责组建,设置于 COCC 或 OCC。成员包括总指挥、副总指挥、支援保障组等,负责传达上级领导指示、与上级应急处置机构衔接和协调、总体决策、指令下达、方案审核、对外协调、舆情监控、信息报送等工作。

根据突发事件的等级不同,要确定相应的总指挥,一般由公司总经理或线网指挥中心负责人担任。遇突发事件时,可增设副总指挥协助总指挥开展突发事件应急指挥工作,副总指挥由总指挥指定。支援保障组主要由安全技术组、行车客运组、舆情监控组、信息报送组、后勤保障组等组成,主要负责处置过程安全卡控、行车调整及组织、客运服务组织、舆情信息发布、上报事件信息、车辆安排、资金使用、资料查询及物资配送安排、法律支持、抢险交通疏导等工作。

2. 现场指挥部组成及职责

现场指挥部由事发属地单位负责组建,设置于突发事件现场。成员由现场指挥、设备抢修负责人、专业负责人、现场媒体应对人员等组成，主要负责抢修方案制定、应急资源调用、信息报送、现场媒体应对等工作。事发第一时间，由属地单位现场职务最高的管理人员担任现场指挥，应穿戴"现场指挥"反光背心，在更高职位人员到达事发现场后，可由其接管现场指挥权，现场指挥的指定和变更需向总指挥报备。根据突发事件类型，由应急指挥中心确定抢修主专业，对应抢修主专业所属应急响应中心分别向总指挥、现场指挥报送设备抢修负责人员信息。由各应急响应中心确定本单位相关专业现场负责人，各专业负责人穿戴本专业负责人袖标，主要负责本专业抢修方案制定、人员安排、信息报送、安全卡控等工作。现场媒体应对人员主要负责现场媒体应对、舆论引导、防谣辟谣等工作。

3. 应急响应中心组成及职责

事发单位自然成立应急响应中心，设置于生产调度办公场所，其他单位接到应急指挥中心指令时，立刻组建应急响应中心。成员由响应中心指挥长、应急资源组、信息报送组等组成，负责落实应急指挥中心指令、协助现场指挥部开展工作、调动本单位应急资源、做好信息报送等工作。具体来说，响应中心指挥长由下属单位总经理（或授权人员）担任，指定或变更时要向总指挥、现场指挥报备；应急资源组主要负责本单位应急物资、抢险队伍、救援汽车以及技术支持等应急资源的安排工作；信息报送组主要负责信息的收集、整理和报送等工作。

### 5.1.2 应急专家组

应视应急指挥中心需要从公司技术委员会各专业技术组抽调人员组成内部应急专家组；应视应急工作需求向上级或外部单位申请外部应急专家组。应急专家组主要负责为突发事件应急处置工作提供技术支持，提出实施应急救援方案的相关建议，必要时赶赴现场参加突发事件的应急处置，参与突发事件的善后处置及调查工作。

### 5.1.3 应急抢险队伍

应急抢险队伍主要由区域应急抢险队伍、专业应急抢险队伍等组成，主要负责在突发事件情况下，在现场指挥部的统一指挥下开展应急处置、抢险支援等工作。

### 5.1.4 应急处置机构运转

应急抢险队伍服从应急响应中心调动及现场指挥部安排，应急响应中心服从现场指挥部指挥，现场指挥部服从应急指挥中心指挥。原则上，应急指挥中心指令应统一下达至现场指挥部，特殊情况下，可直接向应急响应中心、应急抢险队伍、抢险支援人员、救援物资负责人发布指令。

事发单位优先调用本单位区域应急抢险队伍参与救援。跨单位区域应急抢险队的调用由线网指挥中心负责。各部门及下属单位人员、物资到位后均向现场指挥部报到，听从现场指挥安排，由现场指挥统一向应急指挥中心报备。

应急救援指挥机构运转情况如图 5-1 所示。

## 5.2 一般情景

根据第三章内容，有人员伤亡、造成行车中断和财产损失，且需要进行紧急疏散的突发情景为紧急突发情景（如火灾、瓦斯泄漏等），其他情景为一般情景。应急救援过程中的高风险环节是乘客疏散环节，一般情景下乘客会进行有序疏散，有序疏散包括两类：列车转运疏散和步行疏散。

1. 区间列车转运疏散

非紧急疏散情况下，列车区间迫停时间预计 30 min 以上，无法维持进站或采用列车救援，满足转运条件时，立即进行区间列车转运疏散。

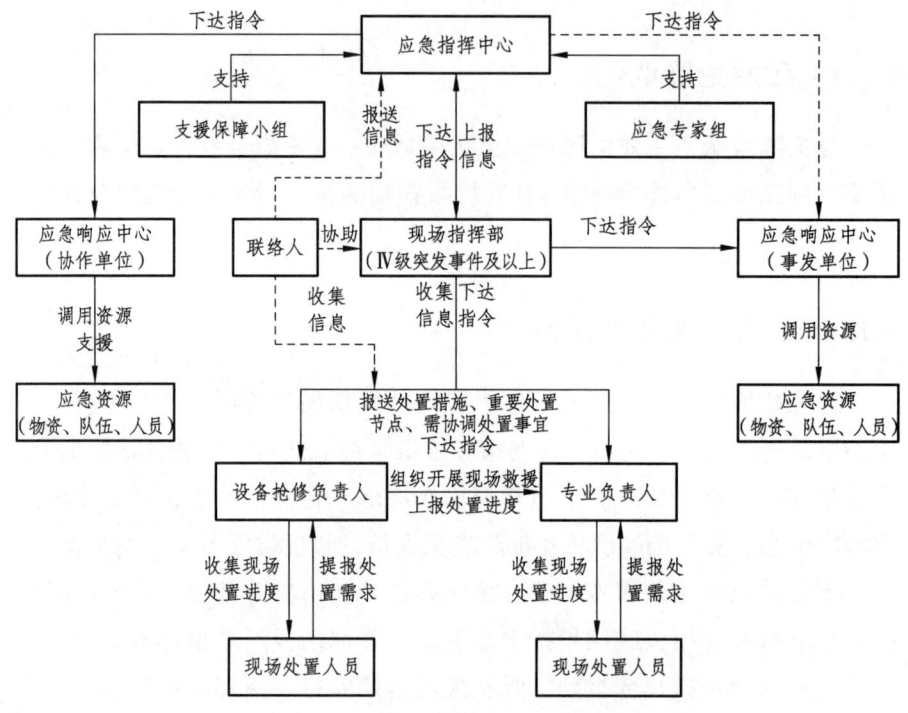

图 5-1 应急救援指挥机构运转图

本线列车转运：本线具备行车条件时，优先组织本线列车清客后担任转运列车，将故障列车上的乘客通过疏散平台疏散至转运列车上，再运行至就近车站。

邻线列车转运：本线不具备行车条件时，组织邻线列车在站清客后担任转运列车，将故障车乘客通过疏散平台和就近联络通道疏散至转运车，再运行至就近车站。

2. 区间有序步行疏散

非紧急疏散情况下，列车区间迫停时间预计 30 min 以上，无法维持进站或采用列车救援，不满足转运条件时，尽量保证列车于就近疏散点位停车，开展列车区间有序步行疏散，以安全疏散为目的，组织乘客按就近原则从车厢客室门向距离列车较近的车站、区间风井、U 形槽路基段、斜井、隧道出入口楼梯、高架区间疏散楼梯进行疏散。

### 5.2.1 长大区间有序疏散处置

**1. 散处置原则**

（1）启动条件。

非紧急疏散情况下，列车因故障或突发事件迫停区间时间预计 30 min 以上，无法维持进站，但满足列车救援条件时，采用电客车救援，当无法采用列车救援时，开展区间有序疏散。

（2）乘客接驳组织。

乘客接驳组织以最高效率接驳乘客为目的。原则上在公交车方便到达的疏散点位联系公交车或公司大巴车开展乘客接驳；公交车不方便到达的点位，具备列车接驳条件时，组织乘客返回区间添乘列车开展乘客接驳。

**2. 疏散工作职责及处置流程**

（1）列车转运疏散。

列车转运疏散过程涉及的岗位包括行车调度、电力调度、故障车司机、故障车跟车保安、转运车司机、车站值班站长等。各岗位工作职责及处置流程如表 5-1 所示。

表 5-1 列车转运疏散工作职责及处置流程

| 岗位 | 工作职责及处置流程 |
|---|---|
| OCC行车调度 | 1.了解现场信息：故障情况、停车位置，及时通报现场信息。<br>2.初期行车组织：扣停本线后续开往受影响区域的列车。若来不及扣停，组织迫停车后方列车退回站线开门待令，组织故障车前行列车多停、限速。<br>3.发布区间转运命令：<br>① 向相关车站、故障车司机、转运车司机发布区间列车转运疏散命令，对担任转运任务列车执行清客程序。<br>② 通知车站安排人员添乘转运车协同司机执行区间转运。<br>4.组织列车限速对位：通知转运列车司机故障车列车停车位置，待前行列车出清转运地点，组织转运列车运行至转运地点（邻线转运：乘客走行路径最短联络通道处，接近转运点前 50 m 时限速 25 km/h；本线转运：转运列车以 CBTC 或非限制人工驾驶模式运行至故障车 20 m 外停车），根据现场人员手信号停车，执行乘客转运。 |

续表

| 岗位 | 工作职责及处置流程 |
|---|---|
| OCC 行车调度 | 5.接触网停送电：根据现场疏散安全要求，组织接触网停送电。<br>6.转运完毕投入载客：故障车乘客转运完毕后，组织转运列车凭信号显示运行至前方站（或退回发车站）。<br>7.行车调整：视情况组织小交路、单线双向、公交接驳等方式最大限度地维持运营。单线双向运行列车接近转运地点时限速 25 km/h 通过。<br>8.限速确认：应急处置结束，组织后续上下行首列车接近转运地点时（限速区域为疏散地点前后 2 km）限速 25 km/h 通过。<br>9.恢复行车：确认该区段无遗留人员及物品后，恢复正常行车秩序。 |
| OCC 电力调度 | 1.设备监控：监控电力、环控设备运行情况，根据现场需求，对疏散涉及区域接触网进行停电。<br>2.区间送风：及时对列车迫停区间执行区间阻塞模式 |
| 故障车司机 | 1.通报现场情况：向行调通报列车迫停位置和列车、接触网及周围设备情况。<br>2.乘客安抚：转运列车到达现场前，播放列车广播，组织列车保安，做好乘客的安抚工作。<br>3.组织拦截转运车：<br>（1）邻线转运：通知跟车保安通过就近联络通道至邻线安全位置处对转运列车显示停车手信号。<br>（2）本线转运：通知跟车保安通过疏散平台至本线安全位置处对转运列车显示停车手信号。<br>4.开启疏散车门：<br>（1）邻线转运：收到转运列车及跟车站务人员准备就绪通知后，立即手动解锁疏散平台一侧与联络通道就近的客室门，播放非紧急疏散广播。<br>（2）本线转运：收到转运列车及跟车站务人员准备就绪通知后，立即手动解锁疏散平台一侧与转运列车就近的客室门，播放非紧急疏散广播。<br>5.乘客疏散：联合车站人员将乘客从故障列车有序引导至转运列车。<br>6.上报信息：接到站务人员故障车乘客疏散完毕后，恢复并关闭解锁车门，通知转运车司机、行调，按照行调指令执行 |

续表

| 岗位 | 工作职责及处置流程 |
|---|---|
| 故障车跟车保安 | 1.乘客安抚：列车迫停于区间时，做好乘客安抚，提醒乘客勿乱动车上设备，等待救援。<br>2.赶至拦截位置：接到司机通知后，立即穿戴荧光衣，前往司机室与司机确认邻线转运车的停车位置，按指定线路行走至邻线安全区域。<br>3.拦停转运车：指挥转运车在指定位置停车。<br>4.引导疏散：待接转运停稳后，使用800 M通知故障车司机，并引导站务人员至故障车，在故障车疏散车门处引导乘客往指定方向行走，疏散完毕后返回故障车 |
| 转运车司机 | 1.在站清客，运行至指定位置：转运司机接到行调转运命令后，明确故障车位置，确认列车清客完毕，待站务人员登乘后报行调，按行调指令运行至指定位置。<br>2.对标停车：转运列车到达指定位置，凭故障车跟车保安的手信号停车；与故障车司机联系后，手动解锁疏散平台侧的2个车门，通知故障车司机已做好转运准备。<br>3.乘客引导：在车上与站务人员引导乘客至转运列车，通知转运车跟车保安安抚乘客，告知其勿动车上设备。<br>4.关闭车门：确认故障车车门已关闭及站务人员通知所有乘客已上车后，恢复并关闭解锁车门。<br>5.按调令动车：返回司机室，报行调，按其指令动车 |
| 车站值班站长 | 1.担任现场指挥：接到区间列车转运疏散的命令后，穿戴"现场指挥"背心，担任转运现场指挥，做好现场转运组织工作。<br>2.在站清客、添乘：立即组织车站人员对转运车清客，同时组织2名站务人员、2名保安穿好荧光衣，携带喊话器、探照灯、400 M、800 M等应急疏散备品添乘列车前进方向第一节车厢，视情况携带医药箱。<br>3.组织转运：到达故障车后，通报行调。安排1名保安值守转运车开启车门，记录上车乘客人数。通知故障车司机开门疏散。若为邻线转运，安排其余人员值守疏散路径所经过的岔区、联络线、联络通道等提醒乘客安全，引导乘客按指定路线疏散。<br>4.确认乘客疏散完毕：确认车上乘客疏散完毕，无人员遗留在疏散平台和线路上，组织其余参与疏散车站人员添乘转运车，与保安确认转运车乘客数量无误后，上报行调。<br>5.协助故障恢复：抢险队伍赶赴现场后，协助开展抢险工作 |

（2）步行疏散。

步行疏散过程涉及的岗位包括行车调度、电力调度、疏散车司机、疏散车跟车保安、车站值班站长、值守点人员、车辆段支援人员等。此外还涉及接驳车，可能是公交、大巴或列车接驳。各岗位工作职责及处置流程如表 5-2 所示。

表 5-2　步行疏散工作职责及处置流程

| 岗位 | 工作职责及处置流程 |
|---|---|
| OCC<br>行车<br>调度 | 1.了解信息：了解现场故障信息，需疏散列车停车位置，做好信息通报。<br>2.维持列车至疏散点位停车：组织故障列车尽量于就近疏散点位停车，便于疏散。<br>3.初期行车调整：调整行车秩序，将后续上下行列车扣停在后方车站待令，组织具备退回条件列车退回车站清客。<br>4.发布区间疏散命令：根据需疏散列车数量及位置，向两端车站、1号斜井应急值守人员（在龙泉山隧道内疏散时）、疏散列车司机发布区间有序步行疏散命令，明确疏散路径。<br>5.优先疏散：当列车迫停于离车站较远位置时，可优先组织司机及车上保安疏散乘客至相应的疏散点位。<br>6.安全防护：组织疏散车站安排人员做好防护前往后，执行区间疏散。并安排两端车站人员在端门处、区间风井或斜井处监控。<br>7.行车调整：组织小交路最大限度维持运营。<br>8.接触网停送电：根据现场疏散安全要求，组织接触网停送电。<br>9.限速确认：应急处置结束，组织后续上下行首列车限速 25 km/h（限速区域为疏散地点前后 2 km）通过各疏散区段。<br>10.乘客驳运：根据乘客接驳组织原则，组织公交接驳或列车接驳公交车不方便到达疏散点位的乘客；<br>11.恢复行车：确认疏散区段无遗留人员及物品后，恢复正常行车秩序。 |
| OCC<br>电力<br>调度 | 1.设备监控：监控电力、环控设备运行情况，视情况对疏散区域停电。<br>2.区间送风：及时对列车迫停区间执行区间阻塞模式。 |

续表

| 岗位 | 工作职责及处置流程 |
| --- | --- |
| 疏散车司机 | 1.通报现场情况：向行调通报列车迫停位置，列车、接触网及周围设备情况。<br>2.维持列车至疏散点位停车：根据行调指引，驾驶故障列车尽量于就近疏散点位停车，便于疏散。<br>3.乘客安抚：播放列车广播，通知列车保安，做好乘客安抚，劝阻乘客勿碰车上设备；留意列车状态。<br>4.打开前照灯：司机接到行调列车区间有序步行乘客疏散指令，明确疏散方向后打开疏散方向前照灯。<br>5.明确疏散路线，安排疏散：明确疏散路径后，告知2名跟车保安，安排1名跟车保安带领乘客按指定路径疏散，到达后就地做好乘客安抚；安排另一名跟车保安跟随最后1名乘客疏散，到达后就地做好乘客安抚，并报告疏散完成情况。<br>6.执行疏散：待2名跟车保安准备就绪后降弓，施加停放制动，播报一般疏散广播，解锁疏散平台侧第一节车第一个有解锁手柄的车门，站在打开的车门处引导乘客下车。<br>7.上报信息：乘客全部下车后，同车站人员（或值守点人员）或跟车保安共同确认列车上乘客疏散完毕后，报行调，按行调命令执行 |
| 疏散车跟车保安 | 1.乘客安抚：执行疏散之前时，做好乘客安抚，提醒乘客勿乱动车上设备，等待救援。<br>2.明确疏散路线：接到司机通知后，立即赶赴司机室，与司机确认疏散路线。<br>3.执行疏散：1名跟车保安带领乘客按指定路径疏散至就近车站或斜井，到达后就地做好乘客安抚；另1名跟车保安跟随最后1名乘客疏散，到达后就地做好乘客安抚，并报告司机疏散完成情况；疏散全程做好乘客安全提醒，确保乘客不超过疏散区域。<br>4 等待支援：等待支援人员到达现场，持续安抚乘客 |
| 车站值班站长 | 1.担任现场指挥：接到列车区间有序步行疏散的命令后，穿戴"现场指挥"背心，担任"现场指挥"，做好现场区间疏散组织工作。<br>2.赶赴疏散现场：根据行调指令，同时组织2名站务人员、至少2名保安穿好荧光衣，携带喊话器、探照灯、400 M和800 M通信工具等应急疏散物资，视情况通过地面交通或轨行区到达指定疏散地点。 |

续表

| 岗位 | 工作职责及处置流程 |
|---|---|
| 车站值班站长 | 3.疏散准备：到达须疏散列车后，通报行调，与司机确认疏散路径。并向现场人员交代。<br>4.组织疏散：组织现场乘客疏散，安排人员做好安全提醒，做好疏散路径上联络通道、岔区、斜井等关键位置卡控，确保乘客按指定路径疏散。<br>5.已疏散乘客安抚：安排专人做好已疏散乘客安抚。<br>6.确认乘客疏散完毕：与故障车门司机确认车上乘客疏散完毕，无人员遗留区间，组织疏散人员、值守点人员撤离轨行区，上报行调。<br>7.协助故障恢复：抢险队伍赶赴现场后，协助开展抢险工作 |
| 值守点人员 | 龙泉山隧道内疏散时，1#斜井应急值守点人员承担以下职责：<br>1.担任现场指挥：接到列车区间有序步行疏散的命令后，指定1人担任负责人，做好现场区间疏散组织工作。<br>2.赶赴疏散现场：根据行调指令，负责人组织所有值守人员穿好荧光衣，携带喊话器、探照灯、400 M和800 M通信工具等应急疏散物资，视情况选择地面交通或轨行区到达指定疏散地点。<br>3.疏散准备：到达须疏散列车后，通报行调，负责人与司机确认疏散路径，并向现场人员交代，听从司机安排。<br>4.组织疏散：负责人安排人员做好安全提醒，做好疏散路径上联络通道、岔区、斜井等关键位置的卡控，确保乘客按指定路径疏散。<br>5.确认乘客疏散完毕：确认车上乘客疏散完毕，无人员遗留区间，负责人组织值守点人员撤离轨行区，上报司机，做好现场乘客的安抚工作。<br>6.协助故障恢复：抢险队伍赶赴现场后，协助开展抢险工作 |
| 车辆段支援人员 | 1.赶至疏散地点：接到列车区间有序步行疏散的命令后，立即安排人员乘坐地面交通到达就近斜井处，主动询问车站参与人员是否需要搭乘汽车，若需要，应优先安排。<br>2.听从现场人员安排：到达疏散现场后，听从现场指挥安排，参与疏散及乘客安抚工作 |
| 接驳车 | 1.公交接驳：在接到列车区间疏散的消息后，同步启动公交接驳应急响应，协调公交至接驳地点疏散乘客。<br>2.调动公司大巴接驳：接到列车区间有序疏散的命令后，立即安排公司就近场段大巴至疏散地点接驳乘客。<br>3.列车接驳：根据行调指令，做好公交车不方便到达疏散点位的乘客列车驳运工作 |

3. 疏散路径

列车应尽量避开停在疏散平台断开区域进行疏散，疏散过程中，现场疏散人员应加强对断开处乘客跌倒、不按疏散线路疏散等事项的提醒和引导。乘客疏散路径应按就近原则向距离列车较近的车站、区间风井、U形槽路基段、斜井、隧道出入口楼梯、高架区间疏散楼梯疏散。合理利用联络通道，采取最短疏散路径，迅速撤离现场。根据第一章和第四章内容，18号线一二期长大区间共有5个，疏散点位主要由车站、区间风井、隧道斜井、U形槽路基段、高架区间疏散楼梯、隧道出入口楼梯组成，T3、T4可暂作为疏散点位，乘客通过以上疏散点位均可疏散至安全区，疏散点位的分布如表5-3所示。

表 5-3 区间疏散点位分布情况统计

| 序号 | 区间 | 长度/km | 相邻疏散点位 | 距离/km |
|---|---|---|---|---|
| 1 | 世纪城—海昌路 | 6.89 | 世纪城站—区间风井1 | 2.23 |
|   |   |   | 区间风井1—区间风井2 | 2.17 |
|   |   |   | 区间风井2—海昌路站 | 2.49 |
| 2 | 海昌路—西博城 | 7.53 | 海昌路站—区间风井1 | 2.96 |
|   |   |   | 区间风井1—区间风井2 | 1.66 |
|   |   |   | 区间风井2—西博城站 | 2.91 |
| 3 | 天府新站—三岔 | 19.16 | 天府新站—龙泉山隧道入口 | 2.18 |
|   |   |   | 龙泉山隧道入口—龙泉山隧道1号斜井 | 3.22 |
|   |   |   | 龙泉山隧道1号斜井—龙泉山隧道2号斜井 | 3.31 |
|   |   |   | 龙泉山隧道2号斜井—龙泉山隧道出口 | 3.30 |
|   |   |   | 龙泉山隧道出口—第三段U形槽路基段 | 2.68 |
|   |   |   | 第三段U形槽路基段—第四段U形槽路基段 | 2.10 |
|   |   |   | 第四段U形槽路基段—三岔站 | 2.47 |

续表

| 序号 | 区间 | 长度/km | 相邻疏散点位 | 距离/km |
|---|---|---|---|---|
| 4 | 三岔—福田 | 7.98 | 三岔站—高架区间疏散楼梯 | 2.81 |
| | | | 高架区间疏散楼梯—第五段U形槽路基段 | 2.78 |
| | | | 第五段U形槽路基段—福田站 | 2.39 |
| 5 | 福田—T1T2 | 9.16 | 福田站—区间风井 | 3.77 |
| | | | 区间风井—T3T4 | 2.87 |
| | | | T3T4—T1T2 | 2.52 |

各区间具体情况和疏散路径图如图5-2所示。

（1）世纪城—海昌路区间。

① 区间基本情况。

世纪城站—海昌路站区间全长6 885 m（YK25+592—YK32+477），全为地下段。疏散点位包括区间风井2个（YK27+823、YK29+994）、世纪城站、海昌路站。共设有联络通道9处，分别位于YK26+419、YK27+017、YK27+400、YK28+300、YK28+799、YK29+395、YK30+550、YK31+100、YK31+730处。本区间存在2处岔区，分别位于YK25+710至YK25+820、YK32+261处。设置有纵向紧急疏散平台，设置在行车方向的左侧，在区间联络通道、风井、道岔区处断开。

② 疏散路径图（见图5-2）。

（2）海昌路—西博城区间。

① 区间基本情况。

海昌路站—西博城站区间全长7 533 m（YK32+477—YK40+010），全为地下段。疏散点位包括区间风井2个（YK35+440、YK37+100）、海昌路站、西博城站。共设有联络通道8处，分别位于YK33+223、YK33+800、YK34+380、YK34+960、YK36+050、YK36+518、YK38+950、YK39+437处。本区间存在1处岔区，位于YK32+693处。设置有纵向紧急疏散平台，设置在行车方向的左侧，在区间联络通道、风井、道岔区处断开。

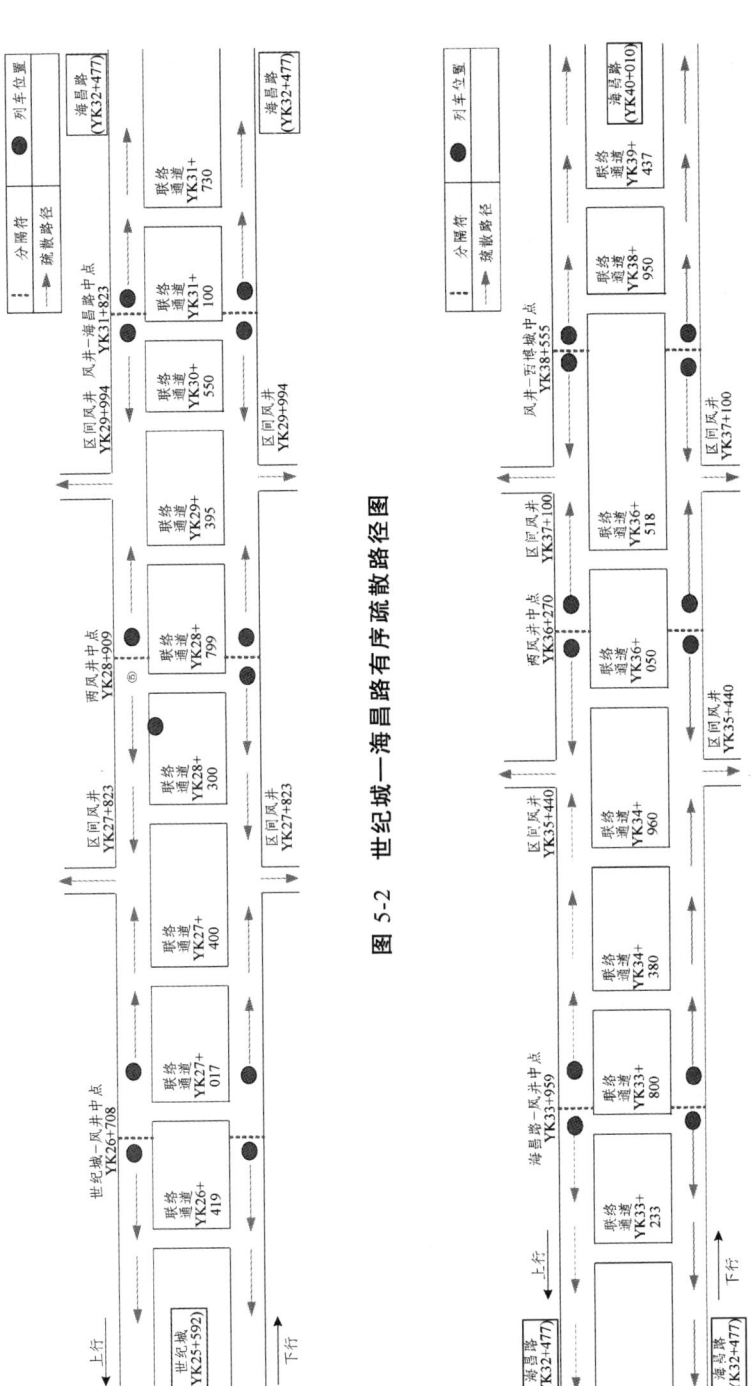

图 5-2　世纪城—海昌路有序疏散路径图

图 5-3　海昌路—西博城有序疏散路径

②疏散路径图（见图5-3）。

（3）天府新站—三岔区间。

天府新站—三岔区间全长19.16 km，包含地下段和地面段，针对疏散工作的组织特点，将该区间划分为天府新站—龙泉山隧道出口区间、龙泉山隧道出口—三岔区间两段。

①天府新站—龙泉山隧道出口区间。

（a）区间基本情况。

天府新站—龙泉山隧道出口区间全长11 908 m（YK49+161—YK61+069），隧道入口处有228 m露天段（YK51+117—YK51+345）。疏散点位包括天府新站、隧道入口处疏散楼梯间（YK51+326）、隧道1#（上行ZDK54+568）、隧道2#斜井（下行YK57+866）、隧道出口处疏散楼梯间（YK61+084）。区间共设有疏散通道21处，分别位于YK49+602、YK50+175、YK51+330、YK51+941、YK52+516、YK53+070、YK53+640、YK54+240、YK54+568、YK55+168、YK55+768、YK56+368、YK56+968、YK57+568、YK57+866、YK57+906、YK58+476、YK59+076、YK59+676、YK60+276、YK60+858处。区间存在两处岔区，分别位于YK49+279至YK49+360、YK49+346（联络出入段线）处。设置有纵向疏散平台，设置在行车方向的左侧，在区间疏散通道和斜井处、道岔区处断开。

（b）疏散路径图。

天府新站—龙泉山隧道出口有序疏散路径如图5-4所示。

②龙泉山隧道出口—三岔区间。

（a）区间基本情况。

龙泉山隧道出口—三岔站区间全长7 253 m（YK61+069—YK68+322），高架段长6 860 m，太平隧道地下段长393 m（YK61+402—YK61+795），隧道出口至太平隧道高架段（YK61+069—YK61+402）不位于同一段U形槽内（不适用于列车区间转运）。疏散点位主要包括龙泉山隧道出口处疏散楼梯间（YK61+084）、第三段U形槽路基段（YK63+756）、第四段U形槽路基段（YK65+857）、三岔站（YK68+322）。区间无联络通道，存在两处岔区，分别位于YK63+569至YK63+624、YK68+078处。

设置有纵向疏散平台，设置在行车方向的左侧，在疏散口、道岔处断开。

（b）疏散路径图。

龙泉山隧道出口—三岔有序疏散路径如图 5-5 所示。

（4）三岔—福田区间。

① 区间基本情况。

三岔站—福田站区间全长 7 984 m（YK68+322—YK76+306），全是高架段，且均位于同一个 U 形槽内。疏散点位主要包括三岔站（YK68+322）、高架区间疏散楼梯（YK71+132）、第五段 U 形槽路基段（YK73+910）、福田站（YK76+306）。区间无联络通道。本区间存在 3 处岔区，分别位于 YK68+440 至 YK68+727、YK65+947、YK68+565 至 YK68+611 处。存在 1 处联络线，位于 ZDK75+947（联络资阳线）处。设置有纵向紧急疏散平台，设置在行车方向的左侧，在疏散口、道岔处、联络线处断开。

② 疏散路径图。

三岔—福田有序疏散路径如图 5-6 所示。

（5）福田—T1T2 区间。

① 区间基本情况。

福田站—T1T2 航站楼区间全长 9 166 m（YK76+308—YK85+474），高架段长 1 488 m（YK76+308—YK77+796），位于同一个 U 形槽内，地下段长 7 678 m（YK77+796—YK85+474），应尽量维持列车在高架段步行疏散。疏散点位包括福田站（YK76+308）、区间风井 1 个（YK80+077）、T3T4 站（YK82+950）、T1T2 站（YK85+474）。共设有联络通道 10 处，分别位于 YK78+550、YK79+002、YK79+500、YK80+580、YK80+685、YK81+200、YK81+700、YK83+670、YK84+050、YK84+676 处。本区间存在两处岔区，分别位于 YK76+426、YK82+344 至 YK82+823 处。设置有纵向紧急疏散平台，设置在行车方向的左侧，在道岔、区间联络通道、风井处断开。

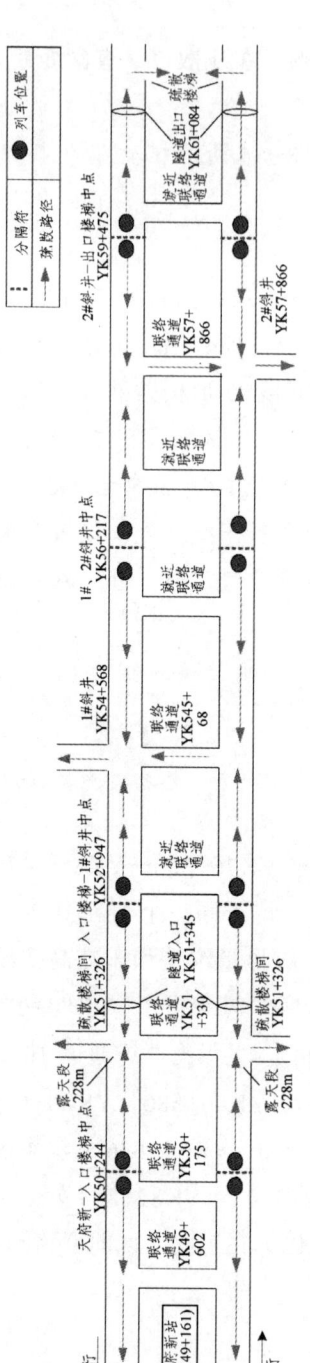

图 5-4 天府新站—龙泉山隧道出口有序疏散路径

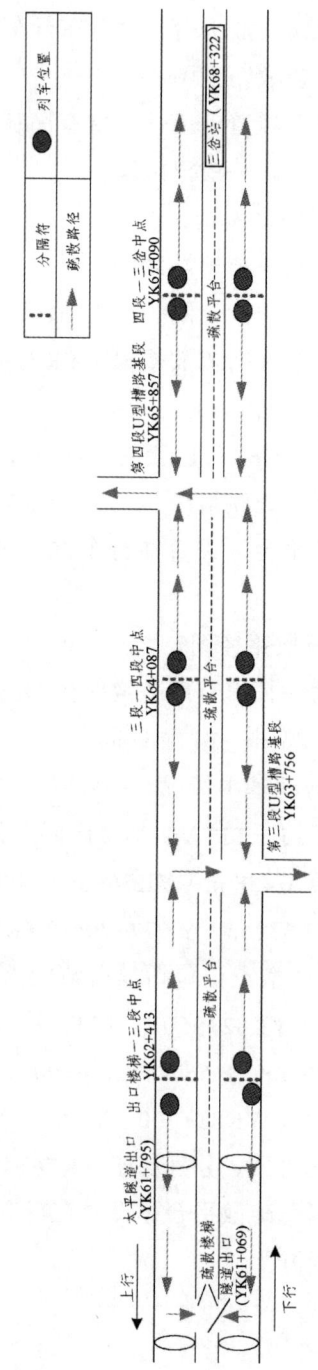

图 5-5 龙泉山隧道出口—三岔有序疏散路径图

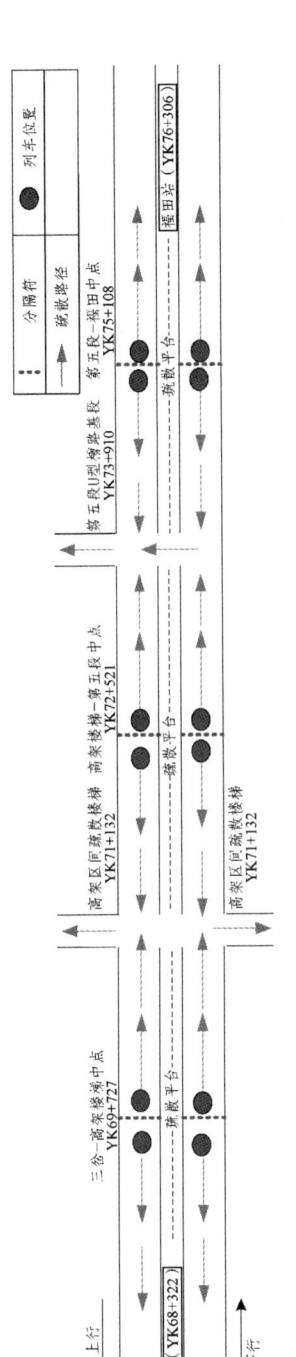

图 5-6 三岔—福田有序疏散路径图

图 5-7 福田—T1T2 有序疏散路径图

103

② 疏散路径图。

福田—T1T2有序疏散路径如图5-7所示。

### 5.2.2 长大区间行车突发事件应急处置

行车突发事件造成原因涉及人为误操作、违章操作、设备故障等，各类行车突发事件可能造成列车延误、行车中断、设备损坏、人员伤亡等后果，具体情况如表5-4所示。

表5-4 行车突发事件风险分析

| 分类 | 风险点 | 诱发因素 | 后果（可能导致的事故） |
|---|---|---|---|
| 行车突发事件 | 列车故障救援 | 列车故障 | 行车中断、列车延误 |
| | 工程车故障救援 | 工程车故障 | 行车中断、列车延误 |
| | 列车冒进信号 | 司机违章操作、信号系统故障、车辆制动系统故障等 | 挤岔、脱轨、列车冲突/相撞以及列车延误、行车中断、设备损坏、人员伤亡等 |
| | 列车挤岔 | 错办进路、司机违章操作、冒进信号等 | 列车延误、行车中断、设备损坏等 |
| | 列车脱轨 | 错办进路、司机违章操作、冒进信号、超速等 | 列车延误、行车中断、设备损坏、人员伤亡等 |
| | 列车倾覆 | 错办进路、司机违章操作、冒进信号、超速等 | 列车延误、行车中断、设备损坏、人员伤亡等 |
| | 列车冲突/相撞 | 错办进路、司机违章操作、冒进信号、超速等 | 列车延误、行车中断、设备损坏、人员伤亡等 |
| | 列车车厢脱钩 | 车钩故障等 | 列车延误、行车中断、设备损坏、人员伤亡等 |
| | 连挂列车脱钩 | 违章操作、车钩故障等 | 列车延误、行车中断、设备损坏、人员伤亡等 |

续表

| 分类 | 风险点 | 诱发因素 | 后果（可能导致的事故） |
|---|---|---|---|
| 行车突发事件 | 列车溜逸 | 司机违章操作、车辆或信号系统故障等 | 列车延误、行车中断、设备损坏、人员伤亡等 |
| | 乘客紧急按钮报警 | 紧急情况下乘客操作等 | 列车延误等 |
| | 站台门或车门夹人、夹物 | 司机和站务联控确认不到位、乘客抢上抢下等 | 列车延误、行车中断、设备损坏、人员伤亡等 |
| | 列车在站错开车门 | 司机误操作、设备故障等 | 列车延误、行车中断、人员伤亡等 |
| | 客室车门被解锁 | 乘客误操作等 | 列车延误、人员伤亡等 |
| | 人员擅入轨行区 | 轨行区封闭不严、轨行区管理不到位等 | 列车延误、人员伤亡等 |
| | 列车撞人 | 人员擅入轨行区等 | 列车延误、行车中断、人员伤亡等 |
| | 轨行区异物 | 施工遗留等 | 列车延误、行车中断、设备损坏、人员伤亡等 |

列车因自身故障、其他设备故障或其他突发事件迫停区间，故障处理时间原则上为 4 min，若司机确认无法处理或 6 min 仍不能动车时，线网指挥中心应启动救援工作。

1. 应急处置原则

原则上，正线电客车故障救援优先选择故障电客车运行方向后续第一列电客车担任救援列车，且原则上由非载客列车担任救援任务。如发生列车车厢脱钩，须安排救援列车从故障车两端进行连挂救援。救援行驶至最近车站后，做好故障电客车清客工作。若不具备列车救援条件，应组织乘客区间有序疏散。

原则上，在无专业人员现场确认和监护的情况下，故障列车严禁擅自动车。

2. 应急处置措施

（1）线网指挥中心。

① 根据发生事件的类型和可能造成的影响，启动公司突发事件响应。

② 若采用列车救援，应组织做好故障列车清客工作，并视情况组织故障列车存放于就近正线存车线、车辆基地或定修段。

③ 组织相关人员快速赶赴现场对所辖设备及相关设施进行确认及处置工作，督促做好现场安全监督等工作。

④ 结合现场情况启动列车清客、转运、救援等处置程序。

⑤ 结合现场情况组织做好行车、客运组织工作。

⑥ 按照公司信息报送流程做好信息报送工作。

⑦ 持续跟进事件的最新进展和变化，组织做好后续处置工作。

（2）运营分公司。

① 组织相关专业抢险人员快速赶赴现场，对所辖设备及相关设施进行确认及处置，并向线网指挥中心提出处置建议，做好处置过程安全联控及监督工作。

② 组织做好信息报送工作，安排人员担任现场指挥，做好处置现场指挥工作，严禁擅自动车。

③ 视情况报请110、119、120等救援力量援助，并指派人员接应。

④ 按照线网指挥中心指令，组织做好列车清客、转运、救援、起复等工作。处置过程中做好乘客引导、安抚工作。

⑤ 组织做好善后处置工作。

（3）其他部门。

其他部门主要根据线网指挥中心指令，做好支援准备。例如，按照公司信息报送要求，做好处置信息收集、上报工作，同时做好与各部门（单位）的沟通联络；组织做好后勤保障、技术支持、安全监控、舆情监控等支援保障工作；组织做好善后处置及配合工作。长大区间一般情景下的突发事件应急处置流程如图5-8所示。

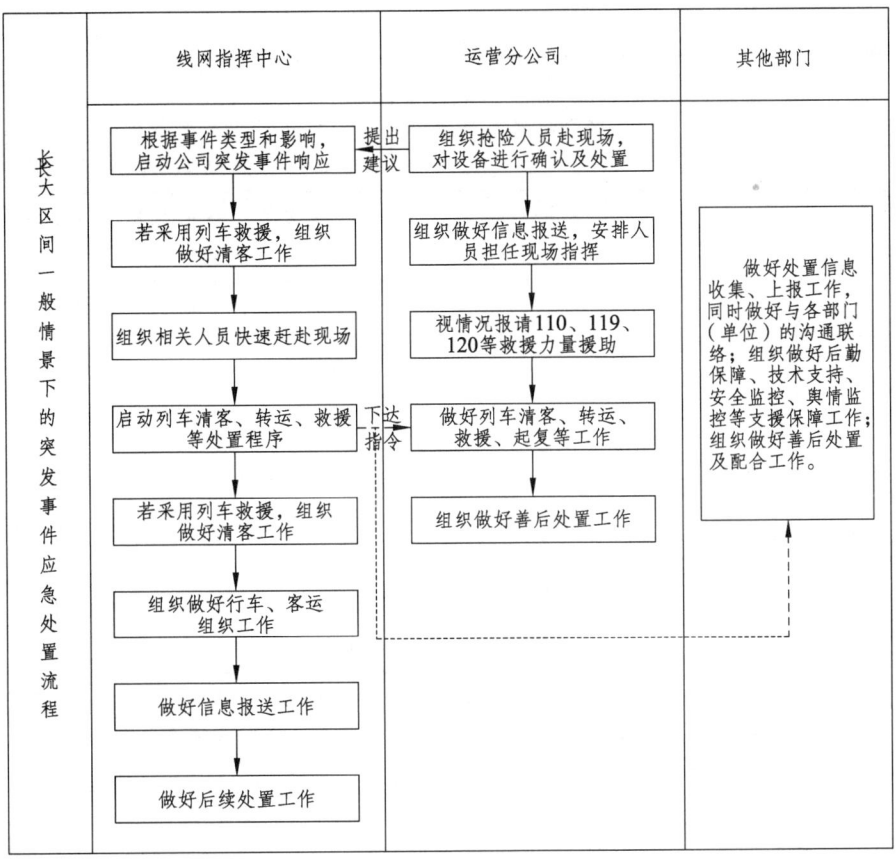

图 5-8 长大区间一般情景下的突发事件应急处置流程

## 5.2.3 长大区间客运突发事件应急处置

客运突发事件主要有大客流、客伤、乘客疏散等，造成原因涉及设备故障、恶劣天气、恐怖社会安全事件等方面，各类客运突发事件可能造成列车延误、设备损坏、人员伤亡等后果，具体情况如表 5-5 所示。

表 5-5 客运突发事件风险分析

| 分类 | 风险点 | 诱发因素 | 后果（可能导致的事故） |
|---|---|---|---|
| 大客流 | 可预见大客流 | 早晚客流高峰、节假日、大型集会等 | 乘客受伤、客流秩序紊乱、乘客投诉、财产损失、负面报道等 |

续表

| 分类 | 风险点 | 诱发因素 | 后果（可能导致的事故） |
|---|---|---|---|
| 大客流 | 突发大客流 | 设备故障、恶劣天气等 | 乘客伤亡、客流秩序紊乱、乘客投诉、财产损失、负面报道等 |
| 客流疏散 | 站内疏散 | 突发事件、设备故障等 | 乘客受伤、客流秩序紊乱、乘客投诉、财产损失、负面报道等 |
| 客流疏散 | 列车疏散 | 突发事件、设备故障等 | 乘客伤亡、客流秩序紊乱、列车晚点、乘客投诉、财产损失、负面报道等 |
| 客伤 | 车内客伤 | 突发事件、设备故障等 | 乘客受伤、客流秩序紊乱、列车晚点、乘客投诉、财产损失、负面报道等 |
| 客伤 | 站内客伤 | 突发事件、设备故障等 | 乘客受伤、客流秩序紊乱、列车晚点、乘客投诉、财产损失、负面报道等 |
| 乘客转运 | 公交接驳 | 突发事件、设备故障等 | 客流秩序紊乱、乘客投诉、财产损失、负面报道等 |
| 乘客转运 | 区间列车转运 | 突发事件、设备故障等 | 乘客受伤、客流秩序紊乱、列车晚点、乘客投诉、财产损失、负面报道等 |
| 非正常行车 | 列车越站通过 | 突发事件、设备故障等 | 客流秩序紊乱、列车晚点、乘客投诉、财产损失、负面报道等 |
| 非正常行车 | 电客车反方向运行 | 突发事件、设备故障等 | 乘客受伤、客流秩序紊乱、列车晚点、乘客投诉、财产损失、负面报道等 |
| 非正常行车 | 电客车清客 | 突发事件、设备故障等 | 客流秩序紊乱、列车晚点、乘客投诉、财产损失、负面报道等 |
| 临时关站 | 临时关站 | 突发事件、设备故障等 | 客流秩序紊乱、乘客投诉、财产损失、负面报道等 |
| 票务系统故障 | 票务系统故障 | 设备故障、网络不畅等 | 客流秩序紊乱、乘客投诉、财产损失、负面报道等 |

1. 列车区间有序疏散

（1）应急处置原则。

列车区间迫停预计 30 min 以上，且无法采用列车救援措施，也不具备邻线区间列车转运乘客条件，可组织列车区间有序疏散。确认车内乘客全部疏散至就近车站内，区间出清后停止。以安全疏散为目的，组织乘客通过就近车站端第一节车厢客室门从疏散平台疏散至就近车站。另外，在电客车设置有司机室紧急疏散门的条件下，可同时组织乘客通过就近车站端司机室紧急疏散门从道床疏散至就近车站。

（2）应急处置措施。

① 线网指挥中心。

（a）根据事件的类型和可能造成的影响，启动公司突发事件响应。

（b）按照公司信息报送流程，做好信息报送工作。

（c）组织做好行车、客运组织工作，督促做好处置过程中的安全监控等工作。

（d）确定疏散方向，组织下属单位开展区间疏散，视情况启动公交接驳。

（e）视情况组织电客车或工程车开展列车救援工作。

（f）根据事件发展，视情况发布抢修、抢险指令，组织抢险人员参与现场处置。

（g）组织做好善后处置工作。

② 运营分公司。

（a）做好信息报送工作，安排人员担任现场指挥，做好处置现场指挥工作。

（b）根据指令组织做好行车、客运组织以及乘客的引导和安抚，并做好处置过程中安全联控、监督及卡控工作。

（c）视情况报请 110、119、120 等救援力量援助，并安排人员接应。

（d）组织做好善后处置工作。

③ 其他部门及单位。

（a）根据线网指挥中心指令，做好线网支援准备。

（b）按照公司信息报送要求，相关单位和部门组织做好信息收集、上报工作，同时做好与各单位的沟通联络。

（c）由公司支援保障组各小组牵头组建部门组织做好后勤保障、技术支持、安全监控、舆情监控等支援保障工作。

（d）组织做好善后处置及配合工作。

2. 区间列车转运

（1）应急处置原则。

载客列车因设备故障或其他突发事件迫停于具备列车转运乘客条件区间预计超过 30 min，且使用列车转运乘客较区间疏散乘客耗时短、安全。

（2）应急处置措施。

① 线网指挥中心。

（a）根据发生事件的类型和可能造成的影响，启动公司突发事件响应。

（b）按照公司信息报送流程，做好信息报送工作。

（c）调整行车、客运组织工作，根据区间转运方案组织相关单位实施，督促做好处置过程中的安全监控及防护工作。

（d）根据事件发展，视情况发布抢修、抢险指令，组织抢险人员参与现场处置。

（e）组织做好善后处置工作。

② 运营分公司。

（a）做好信息报送工作，安排人员担任现场指挥，做好处置现场指挥工作。

（b）视情况及时报请 110、119、120 等救援力量援助，并安排人员接应。

（c）按照指令开展区间列车转运工作，并做好处置过程中安全联控、监督及卡控工作。

（d）做好处置过程安全联控、监督及卡控等工作。

（e）组织做好善后处置工作。

③ 其他部门及单位。

（a）根据线网指挥中心指令，做好支援准备。

（b）按照公司信息报送要求，相关单位和部门组织做好信息收集、上报工作，同时做好与各单位的沟通联络。

（c）公司支援保障组各小组牵头组建部门组织做好后勤保障、技术支持、安全监控、舆情监控等支援保障工作。

（d）组织做好善后处置及配合工作。

## 5.3 紧急情景

本书在第三章的相关内容中，定义了有人员伤亡、造成行车中断和财产损失，且需要进行紧急疏散的突发情景为紧急情景，如火灾情景、瓦斯情景、有人员伤亡的设备故障、有人员伤亡的自然灾害等。紧急情景下，列车在区间发生火灾、爆炸、恐怖袭击等危及生命安全的突发事件，情况不可控或迫停于区间，需立即组织区间紧急疏散。

### 5.3.1 长大区间紧急疏散处置

1. 疏散处置原则

（1）启动条件。

① 列车在区间发生爆炸、恐怖袭击等危及生命安全的突发事件，且情况可控时，尽量维持列车进站，在前方车站组织乘客疏散，避免在区间疏散乘客。列车在区间发生火灾，火势可控，按就近原则，组织列车进站疏散或至露天区段紧急疏散，尽量避免在隧道区间紧急疏散乘客。

② 列车在区间发生火灾、爆炸、恐怖袭击等危及生命安全的突发事件，情况不可控或迫停于区间，立即组织区间紧急疏散。

（2）处置原则。

① 尽量保证列车于就近疏散点位停车。

② 以快速疏散为目的，根据现场情况，打开列车疏散平台侧所有客

室门，组织乘客疏散。

③列车发生火灾区间紧急疏散时，还应遵循以下原则。

地下区间：

（a）列车外部着火时，火灾初期有条件时，引导乘客通过车辆内部的贯通道向上风方向疏散。

（b）列车车头（行驶方向第一节车厢）着火时，组织列车乘客向列车运行反方向疏散，启用区间通风系统向列车运行方向排烟，同时及时利用疏散平台、联络通道等途径将乘客通过最优、最快路径疏散至安全区域（相邻隧道、就近车站、区间风井、U形槽路基段、斜井、隧道出入口楼梯、高架区间疏散楼梯等）。

（c）列车车尾（行驶方向最后一节车厢）着火时，组织列车乘客向列车运行方向疏散，启用区间通风系统向列车运行反方向排烟，同时及时利用疏散平台、联络通道等途径将乘客通过最优、最快路径疏散至安全区域。

（d）列车中部着火时（除车头、车尾），以着火位置为界，组织列车乘客向两端疏散，利用疏散平台、联络通道等途径将乘客通过最优、最快路径疏散至安全区域，原则上待任一端人员全部疏散至安全位置后，司机上报OCC调度一端疏散至安全区域，OCC调度确保未疏散至安全位置端的乘客迎风疏散。

高架区间：

（a）当车头起火时，向后方就近疏散点位疏散。

（b）当车尾起火时，向前方就近疏散点位疏散。

（c）当列车中部着火时，向两端就近疏散点位疏散。

2. 疏散工作职责及处置流程

18号线长大区间列车区间紧急疏散时各关键岗位人员工作职责及处置流程如表5-6所示。

表 5-6 列车紧急疏散工作职责及处置流程

| 岗位 | 工作职责及处置流程 |
| --- | --- |
| OCC<br>行车<br>调度 | 1.了解信息：了解现场故障信息（具体位置、火势情况、影响范围、人员伤亡情况），做好信息通报。<br>2.初期行车调整：<br>（1）着火列车：组织着火列车尽量于就近疏散点位停车，便于疏散。<br>（2）若列车未进入区间：调整行车秩序，立即扣停开往事发区间的上下行列车，在站列车开门待令。<br>（3）若列车已进入区间：拉停本线进入该区间的列车并组织退回发车站。拉停邻线未越过该区段的列车，若停车位置尚未到达疏散区段，则组织退回发车站；若停车位置在疏散区段，组织司机确认现场安全后限速 25 km/h 越过该区段，行驶至前方站。<br>3.发布区间疏散命令：<br>（1）列车外部着火向司机确认将乘客往某一个方向的疏散条件。<br>（2）向相关车站、故障车司机、1#斜井应急值守点人员（龙泉山隧道疏散时），发布区间紧急疏散命令，并通知司机降弓。<br>（3）组织两端车站安排人员做好防护前往故障列车处执行区间疏散。<br>（4）根据列车停车位置，告知司机、车站区间疏散方向及路径。<br>4.行车调整：视情况组织小交路、公交接驳等方式，最大限度维持运营。<br>5.根据现场情况发布封站命令：必要时组织受影响车站执行紧急疏散并封站。<br>6.接触网停电：及时组织受影响区段接触网停电。<br>7.接触网送电：故障处置完毕，确认满足送电条件后组织接触网送电。<br>8.根据列车状态组织退出服务：若专业人员确认列车可凭自身动力动车，视情况组织列车进入就近正线存车线、车辆基地或定修段，若无法凭自身动力动车，视情况组织列车故障救援。<br>9.限速确认：应急处置结束，组织后续上下行首列车接近疏散区段（限速区域为疏散地点前后 2 km）时，限速 25 km/h 通过，确认轨行区无人员遗留。<br>10.乘客驳运：根据乘客接驳组织原则，组织列车驳运公交车不方便到达的疏散点位的乘客。<br>11.解除车站封闭恢复行车：根据现场指挥要求解除车站封闭，恢复正常行车秩序 |

续表

| 岗位 | 工作职责及处置流程 |
|---|---|
| OCC电力调度 | 1.设备监控：监控电力、环控设备运行情况。<br>2.区间送风：根据列车着火位置、停车位置、疏散方向执行对应的隧道通风系统火灾模式。<br>3.接触网停电：及时对受影响区段接触网停电。<br>4.接触网送电：确认地线拆除、满足送电条件后组织接触网送电。<br>5.恢复环控模式：应急处置结束，恢复正常环控模式。 |
| 疏散车司机 | 1.信息上报：通过跟车保安、CCTV（闭路电视系统）观察起火位置、火势、列车停车位置、人员伤亡情况等，立即报行调。<br>2.维持列车至疏散点位：根据行调指引，尽量于就近疏散点位停车，便于疏散。<br>3.火灾初期处置：广播指引乘客远离着火位置、使用车厢灭火器进行灭火。若列车外部着火具备通过条件时，根据现场情况通知跟车保安组织乘客利用车厢，往着火位置其中一端疏散；<br>4.疏散设备操作：司机根据列车位置、着火位置立即执行区间紧急疏散，打开疏散平台侧全部车门，播放紧急疏散广播，打开车灯，佩戴好防毒面具，降弓、施加停放制动。<br>5.带领疏散：往一端疏散时，及时告知跟车保安疏散路径，通知跟车保安一人带头，一人断后，引导乘客疏散；往两端疏散时，及时告知跟车保安疏散路径，2名跟车保安分别往不同方向带领乘客疏散。<br>6.疏散完毕：确认列车上乘客疏散完毕后，关闭蓄电池，跟随乘客疏散至安全区域待令，并沿途确认是否有乘客遗留，上报行调。<br>7.乘客驳运：根据行调指令，做好公交车不方便到达疏散点位的乘客的驳运组织工作。<br>8.后续恢复：火灾扑灭后，确认能否动车，报行调，按行调命令执行 |
| 疏散跟车保安 | 1.信息上报：及时向司机通报起火位置、火势大小、乘客伤亡情况。<br>2.初期火灾处置：1人使用车厢灭火器进行灭火，1人通过对讲机或车厢乘客对讲器向司机报告现场情况。<br>3.带领疏散：根据司机告知的疏散路径，带领乘客疏散至安全位置，并就地开展现场乘客安抚工作，维持现场秩序 |

续表

| 岗位 | 工作职责及处置流程 |
|---|---|
| 车站值班站长 | 1.担任现场指挥：接到列车区间紧急的命令后，穿戴"现场指挥"背心，担任初期"现场指挥"，做好现场区间疏散组织工作。<br>2.赶赴疏散现场：根据行调指令，组织至少2名站务人员、2名保安穿好荧光衣，做好自身防护，携带喊话器、探照灯、400 M和800 M通信器等应急疏散物资，通过地面交通或轨行区到达疏散列车位置。<br>3.疏散组织：到达疏散列车后，若疏散还未完成，则参与现场乘客组织及疏散，并与司机共同确认列车乘客疏散完毕，报行调；若疏散已完成，则组织做好现场乘客安抚、现场乘客的秩序维护工作。<br>4.接驳组织：接驳公交车或列车到达现场后，组织乘客有序上车。<br>5.外部救援力量对接：110、119、120等外部救援力量到达现场后，主动对接。<br>6.协助故障恢复：抢险队伍赶赴现场后，卡控轨行区进出人员，协助开展抢险工作 |
| 两端车站人员 | 1.站内行车客运组织：按行调指令做好站内客运行车组织工作。<br>2.轨行区遗留人员排查：根据行调指令，由车站职位最高者作为排查负责人，尽可能组织车站人员参与轨行区遗留乘客的排查工作，排查区域包括区间风井、斜井、联络通道、联络线等，确保乘客全部疏散出区间。<br>3.出清轨行区：及时将排查情况及人员出清情况上报行调 |
| 应急值守点人员 | 龙泉山隧道内疏散时，1#斜井应急值守点人员承担以下职责：<br>1.担任现场指挥：组织所有值守人员穿好荧光衣，做好自身防护，携带喊话器、探照灯、400 M和800 M通信器等应急疏散物资，视情况选择地面交通或轨行区到达疏散列车位置。<br>2.疏散组织：到达疏散列车后，若疏散还未完成，则听从司机安排，参与现场乘客组织及疏散；若疏散已完成，则组织做好现场乘客安抚、现场乘客秩序维护工作。<br>3.接驳组织：接驳车到达现场后，协助组织乘客有序上车。<br>4.协助故障恢复：抢险队伍赶赴现场后，协助开展抢险工作 |

续表

| 岗位 | 工作职责及处置流程 |
| --- | --- |
| 合江车辆段支援人员 | 1.赶至疏散地点：接到列车区间紧急疏散的消息后，立即安排人员乘坐地面交通到达疏散地点或车站，主动询问车站参与人员是否需要搭乘汽车，若需要，应优先安排。<br>2.听从现场人员安排：到达疏散现场后，听从现场指挥安排，参与疏散及乘客安抚工作 |
| 接驳车 | 1.公交接驳：在接到列车区间疏散的命令后，同步启动公交接驳应急响应，协调公交至接驳地点疏散乘客。<br>2.调动公司大巴接驳：立即安排公司就近场段大巴至疏散地点接驳乘客。<br>3.列车接驳：根据行调指令，做好公交车不方便到达疏散点位的乘客的列车驳运工作 |

3. 紧急疏散路径

当发生紧急疏散时，乘客疏散路径应按就近原则向距离列车较近的车站、区间风井、U形槽路基段、斜井、隧道出入口楼梯、高架区间疏散楼梯疏散。合理利用联络通道，采取最短疏散路径，迅速撤离现场。

（1）世纪城—海昌路区间基本情况及紧急疏散路径图。

① 区间基本情况。

世纪城站—海昌路站区间全长 6 885 m（YK25+592—YK32+477），全为地下段。疏散点位包括区间风井 2 个（YK27+823、YK29+995）、世纪城站、海昌路站。

② 紧急疏散路径图。

世纪城—海昌路列车车头火灾紧急疏散路径如图 5-9 所示，世纪城—海昌路列车车尾火灾紧急疏散路径如图 5-10 所示，世纪城—海昌路列车中部火灾紧急疏散路径如图 5-11 所示。

（2）海昌路—西博城区间基本情况及紧急疏散路径图。

① 区间基本情况。

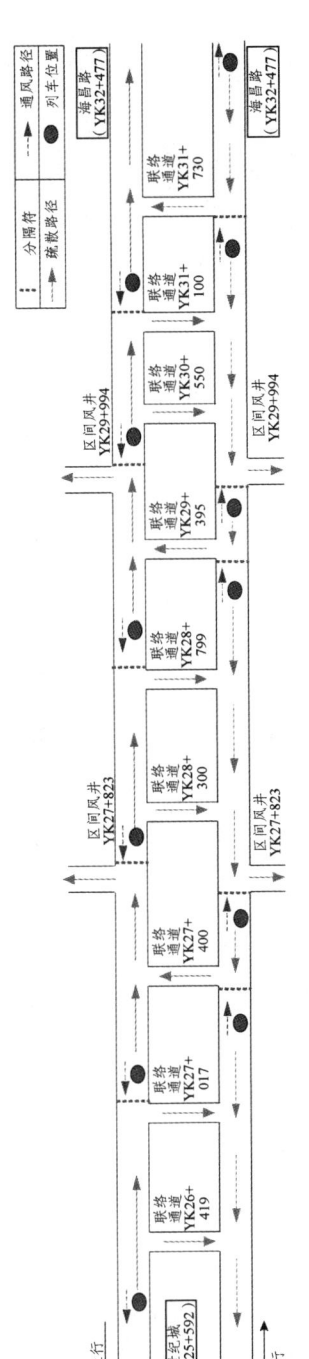

图 5-9 世纪城—海昌路列车车头火灾紧急疏散路径

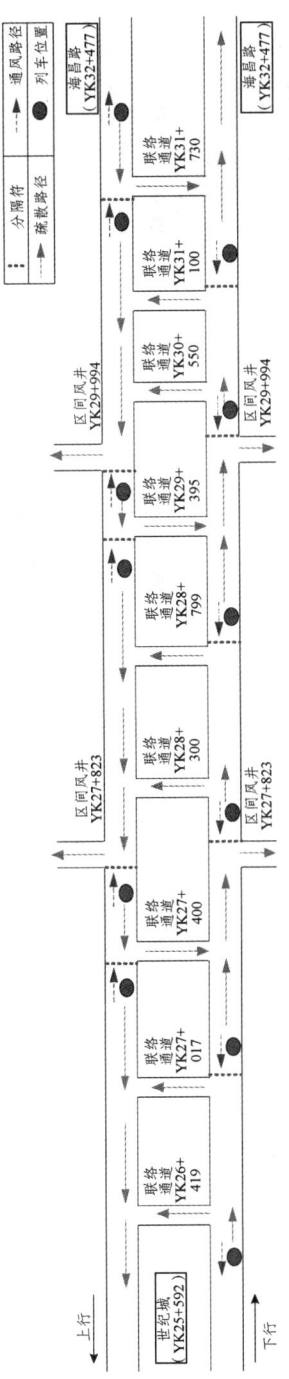

图 5-10 世纪城—海昌路列车车尾火灾紧急疏散路径

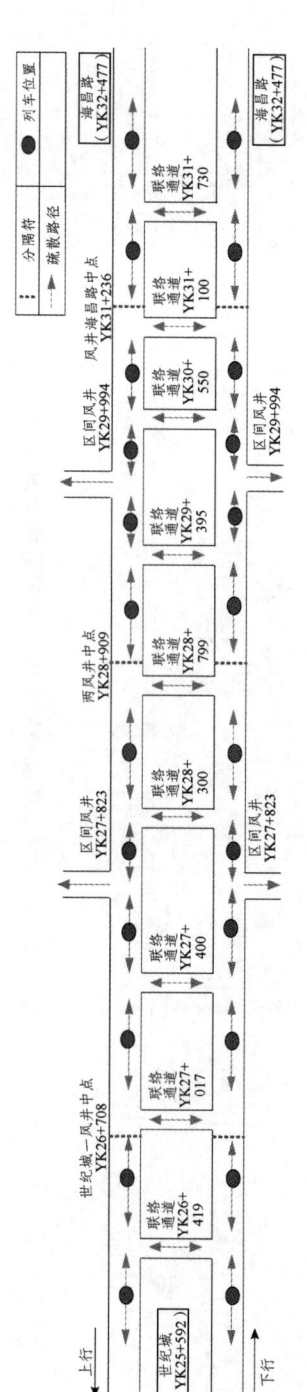

图 5-11 世纪城—海昌路列车中部火灾紧急疏散路径

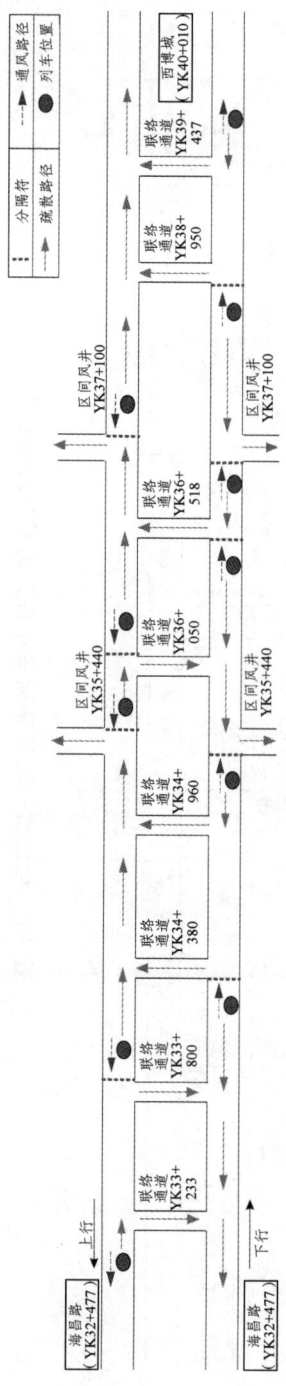

图 5-12 海昌路—西博城列车车头火灾紧急疏散路径

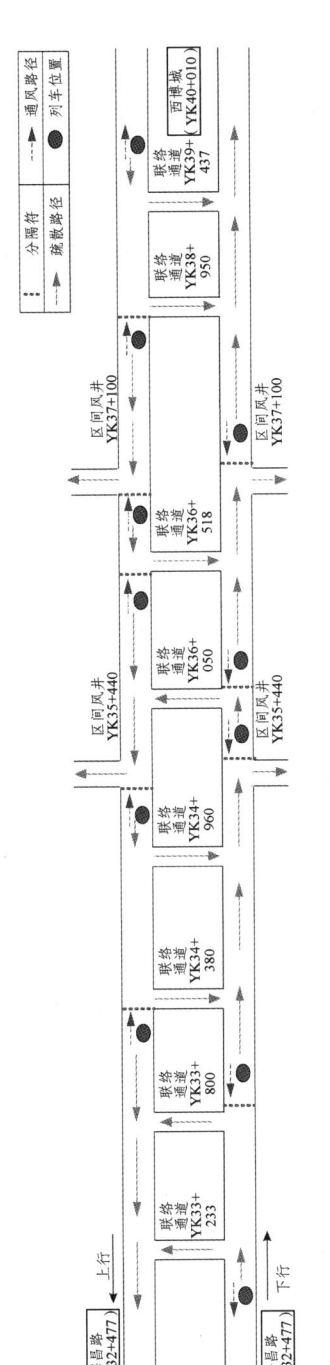

图 5-13 海昌路—西博城列车车尾火灾紧急疏散路径

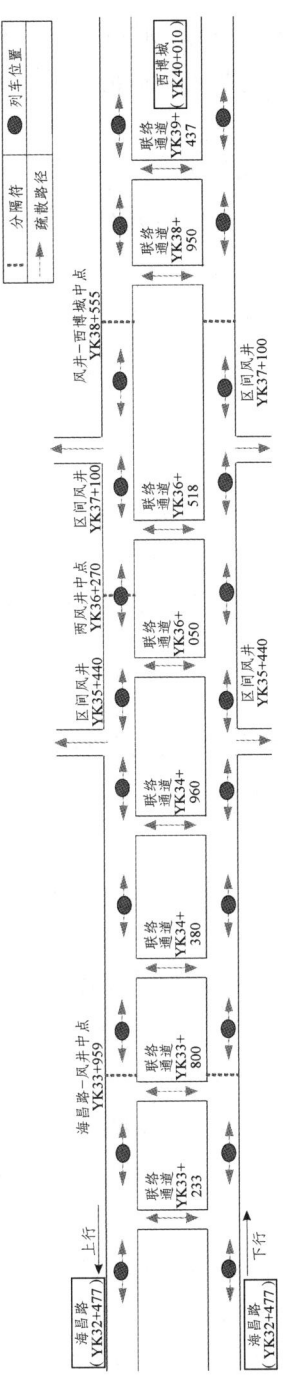

图 5-14 海昌路—西博城列车中部火灾紧急疏散路径

海昌路站—西博城站区间全长 7 533 m（YK32+477—YK40+010），全为地下段。疏散点位包括区间风井 2 个（YK35+440、YK37+100）、海昌路站、西博城站。

② 紧急疏散路径图。

海昌路—西博城列车车头火灾紧急疏散路径如图 5-12 所示，海昌路—西博城列车车尾火灾紧急疏散路径如图 5-13 所示，海昌路—西博城列车中部火灾紧急疏散路径如图 5-14 所示。

（3）天府新站—三岔区间基本情况及紧急疏散路径图。

① 区间基本情况。

天府新站—三岔区间全长 19.16 km，其中天府新站—龙泉山隧道出口区间全长 11 908 m（YK49+161—YK61+069），隧道入口处有 228 m 露天段（YK51+117—YK51+345），可作为火灾紧急疏散时的安全避险区域，或尽可能维持火灾列车运行至该区域紧急疏散。疏散点位包括天府新站、隧道入口处疏散楼梯间（YK51+326）、隧道 1#（上行 ZDK54+568）、隧道 2#斜井（下行 YK57+866）、隧道出口处疏散楼梯间（YK61+084）。龙泉山隧道出口—三岔站区间全长 7 253 m（YK61+069—YK68+322），高架段长 6 860 m，太平隧道地下段长 393 m（YK61+402—YK61+795），隧道出口至太平隧道高架段（YK61+069—YK61+402）不位于同一段 U 形槽内（不适用于列车区间转运），紧急疏散时应尽可能避免列车在太平隧道内疏散。疏散点位主要包括龙泉山隧道出口处疏散楼梯间（YK61+084）、第三段 U 形槽路基段（YK63+756）、第四段 U 形槽路基段（YK65+857）、三岔站（YK68+322）。

② 紧急疏散路径图。

天府新站—龙泉山隧道出口列车车头火灾紧急疏散路径如图 5-15 所示，天府新站—龙泉山隧道出口列车车尾火灾紧急疏散路径如图 5-16 所示，天府新站—龙泉山隧道出口列车中部火灾紧急疏散路径如图 5-17 所示，龙泉山隧道出口—三岔列车车头火灾紧急疏散路径如图 5-18 所示，龙泉山隧道出口—三岔列车车尾火灾紧急疏散路径如图 5-19 所示，龙泉山隧道出口—三岔列车中部火灾紧急疏散路径如图 5-20 所示。

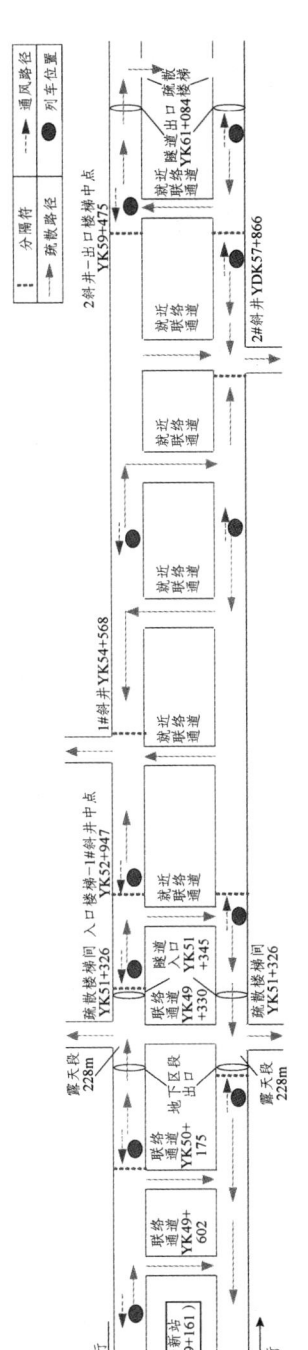

图 5-15 天府新站—龙泉山隧道出口列车车头火灾紧急疏散路径

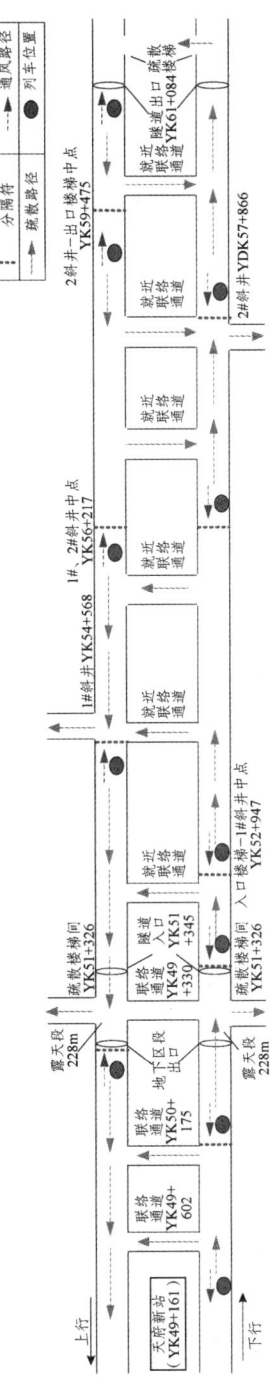

图 5-16 天府新站—龙泉山隧道出口列车车尾火灾紧急疏散路径

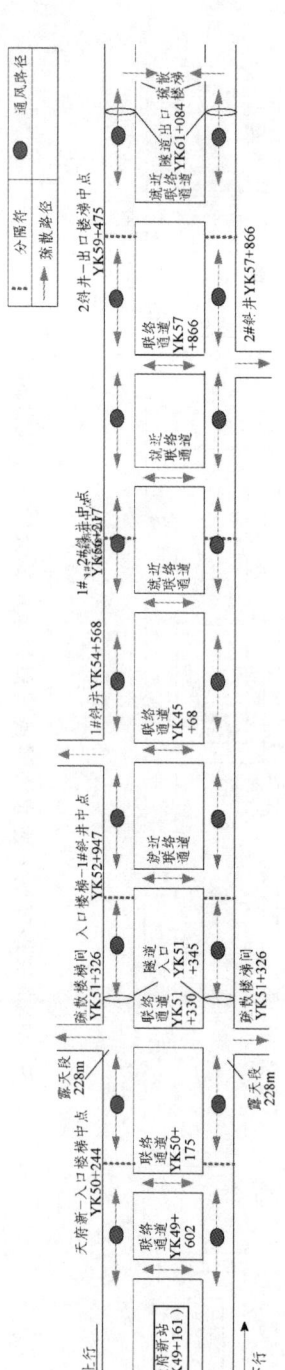

图 5-17 天府新站—龙泉山隧道出口列车中部火灾紧急疏散路径

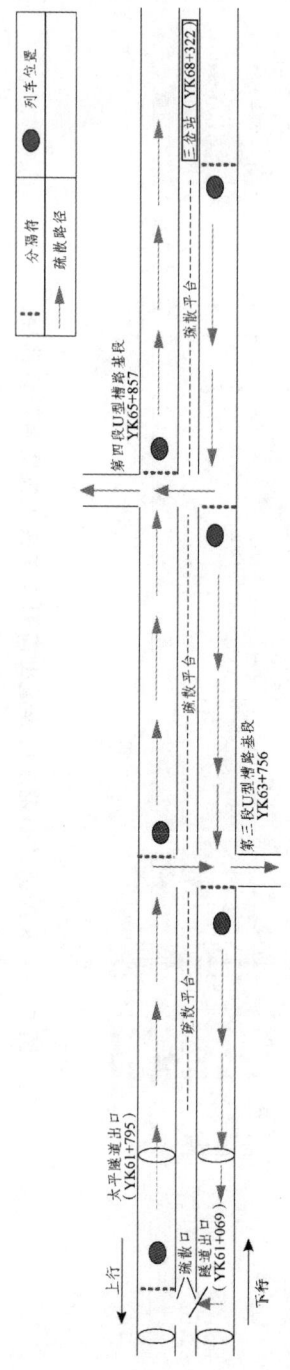

图 5-18 龙泉山隧道出口—三岔列车车头火灾紧急疏散路径

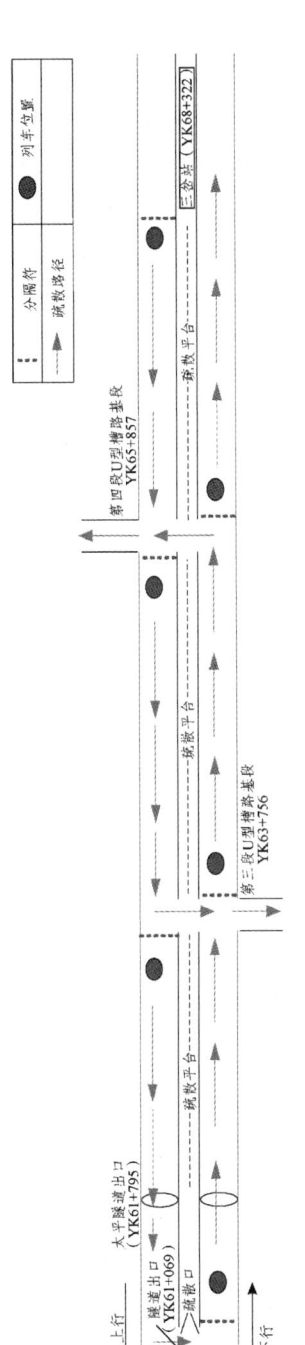

图 5-19 龙泉山隧道出口—三岔列车车尾火灾紧急疏散路径

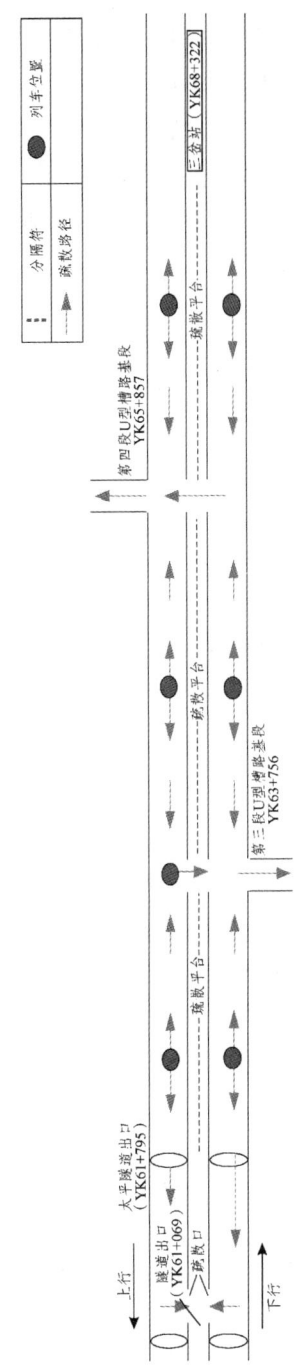

图 5-20 龙泉山隧道出口—三岔列车中部火灾紧急疏散路径

（4）三岔—福田区间基本情况及紧急疏散路径图。

① 区间基本情况。

三岔站—福田站区间全长 7 984 m（YK68+322—YK76+306），全是高架段，且均位于同一个 U 形槽内。疏散点位主要包括三岔站（YK68+322）、高架区间疏散楼梯（YK71+132）、第五段 U 形槽路基段（YK73+910）、福田站（YK76+306）。

② 紧急疏散路径图。

三岔—福田列车车头火灾紧急疏散路径如图 5-21 所示，三岔—福田列车车尾火灾紧急疏散路径如图 5-22 所示，三岔—福田列车中部火灾紧急疏散路径如图 5-23 所示。

（5）福田—T1T2 区间基本情况及紧急疏散路径图。

① 区间基本情况。

福田站—T1T2 航站楼区间全长 9 166 m（YK76+308—YK85+474），高架段长 1 488 m（YK76+308—YK77+796），位于同一个 U 形槽内，地下段长 7 678 m（YK77+796—YK85+474），应尽量维持列车在高架段步行疏散。疏散点位包括福田站（YK76+308）、区间风井 1 个（YK80+077）、T3T4 站（YK82+950）、T1T2 站（YK85+474）。

② 紧急疏散路径图。

福田—T1T2 列车车头火灾紧急疏散路径如图 5-24 所示，福田—T1T2 列车车尾火灾紧急疏散路径如图 5-25 所示，福田—T1T2 列车中部火灾紧急疏散路径如图 5-26 所示。

## 5.3.2　长大区间火灾应急处置

火灾按照发生的地点不同，主要分为车站火灾、列车火灾、区间火灾、车辆基地火灾、OCC 火灾、主变电所火灾以及线上检修库火灾等，其中长大区间火灾是城市轨道交通运营过程中影响安全的重大风险因素，其诱发因素可能涉及误操作、人为纵火、设备故障等，可能会导致列车延误、行车中断、设备损坏、建筑毁坏、人员伤亡。发生长大区间火灾的情况下，应急处置是否及时，将直接关系到人民的生命财产安全。

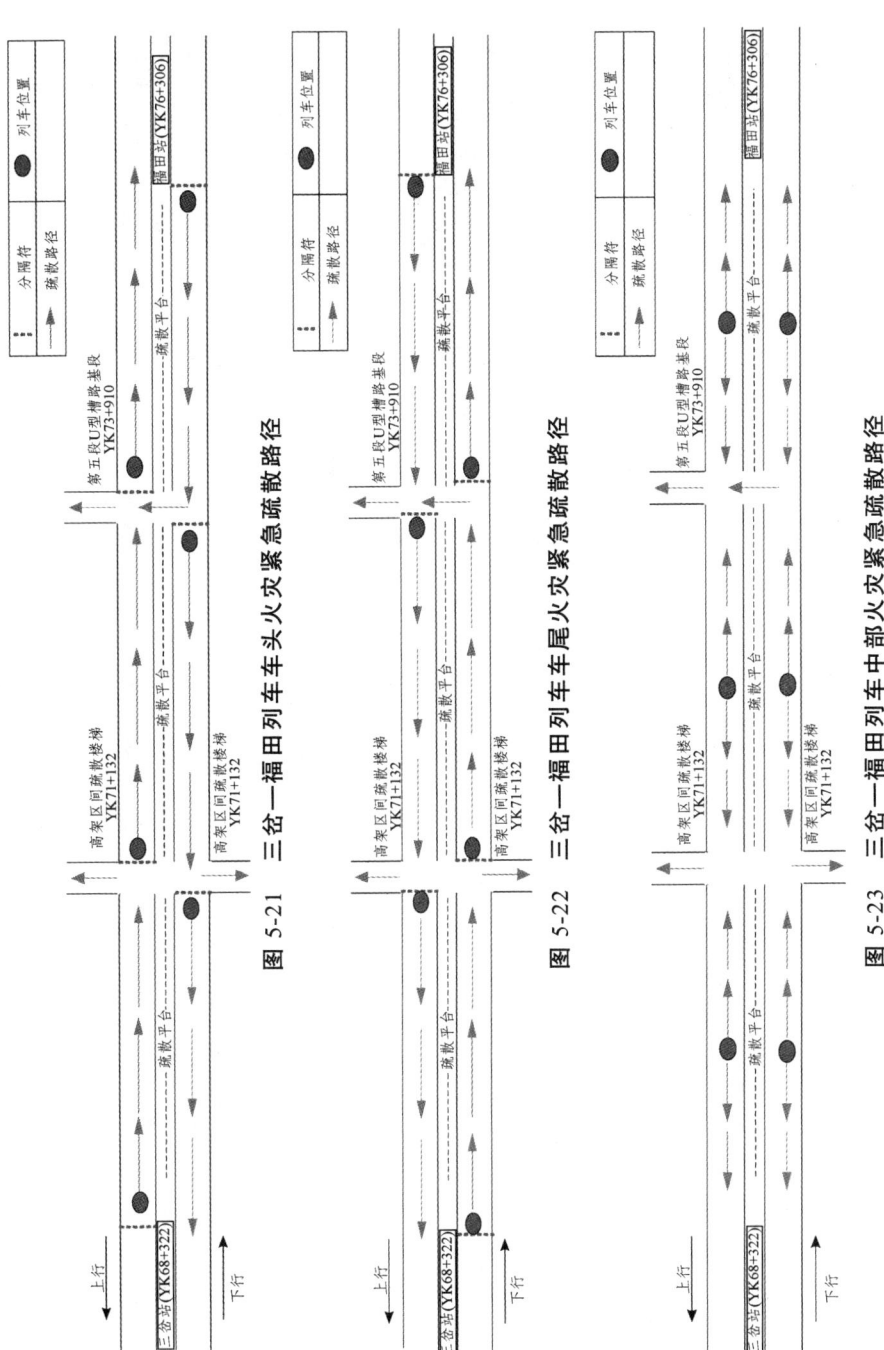

图 5-21 三岔—福田列车车头火灾紧急疏散路径

图 5-22 三岔—福田列车车尾火灾紧急疏散路径

图 5-23 三岔—福田列车中部火灾紧急疏散路径

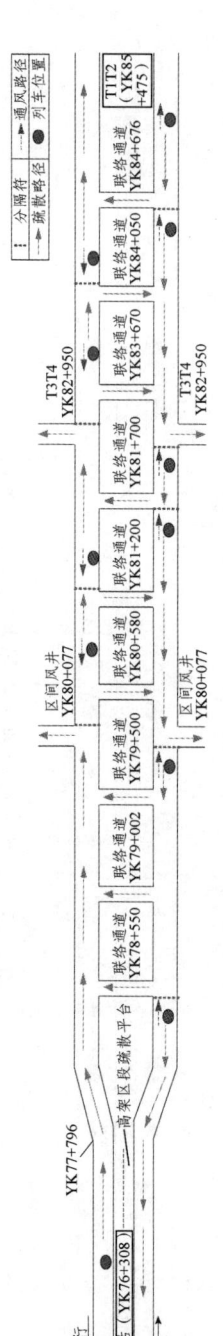

图 5-24 福田—T1T2 列车车头火灾紧急疏散路径

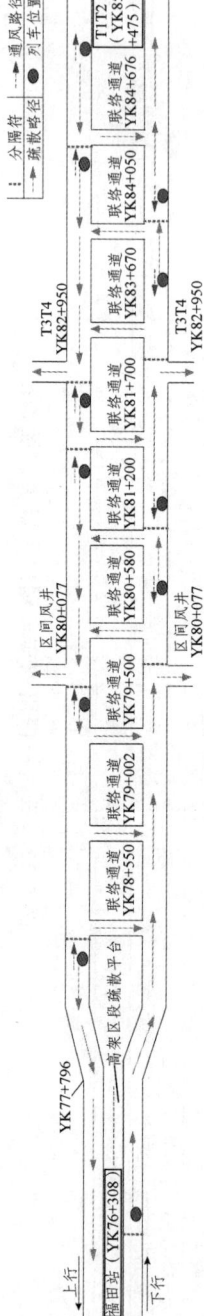

图 5-25 福田—T1T2 列车车尾火灾紧急疏散路径

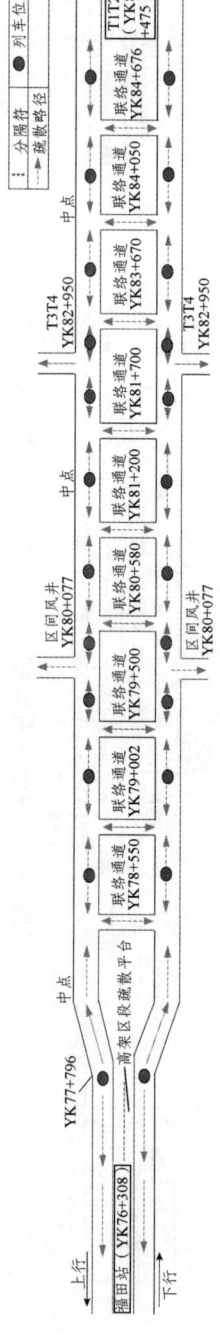

图 5-26 福田—T1T2 列车中部火灾紧急疏散路径

1. 应急处置原则

任何单位发生火灾,都必须立即组织力量扑救,邻近单位应当给予支援。机关、团体、企业、事业等单位应当依法履行消防安全职责,增强组织扑救初起火灾的能力。

(1)初期火灾扑救基本原则。

"初起火灾"又称"初期火灾",是火灾的初期阶段,具有燃烧面积较小、烟气流动速度较慢、火焰辐射热量较少的特点,这个阶段是灭火的最好时机。扑救初期火灾应遵循以下基本原则。

① 救人第一,先救人,后救物。

在发生火灾时,若人员和物资受到火灾的威胁,人和物相比,人是主要的,应贯彻执行"救人第一,救人和灭火同步进行"的原则,先救人,后疏散物资。

② 先控制,后消灭。

对于无法扑灭或不能立即扑灭的火灾,要首先控制火势的蔓延扩大,在扑灭火灾的条件具备后,再展开全面进攻,一举消灭。先控制、后消灭,两者在灭火过程中是紧密相连、不能截然分开的。控制火势要根据火场的具体情况,采取相应措施,如利用水枪射流、水幕等拦截火势,防止火情扩大。迅速撤走火场附近的可燃物和易燃物,防止火情蔓延。电气设备或电气线路火灾,首先必须要切断电源,然后才考虑扑救措施。对于能一下扑灭的火灾,要抓住战机,就地取材,速战速决。如火势较大,灭火力量相对薄弱,或因其他原因不能立即扑灭时,就要把主要力量放在控制火势发展上,防止火势扩大,为彻底扑灭火灾创造有利条件。

③ 先重点,后一般。

在扑救初期火灾时,要全面了解和分析火场情况,区分重点和一般。很多时候,在火场上,重点与一般是相对的,一般来说,要分清以下情况:人重于物;贵重物资重于一般物资;火势蔓延迅猛地带重于火势蔓延缓慢地带;有爆炸、毒害、倒塌危险的方面要重于没有这些危险的方面;火场下风向重于火场上风向;易燃、可燃物集中区域重于这类物品较少的区域;要害部位重于非要害部位。

（2）地下区间应急处置原则。

① 列车外部着火时，火灾初期有条件时，引导乘客通过车辆内部的贯通道向上风方向疏散。

② 列车车头（行驶方向第一节车厢）着火时，组织列车乘客向列车运行反方向疏散，启用区间通风系统向列车运行方向排烟，同时及时利用疏散平台、联络通道等途径将乘客以最优、最快路径疏散至安全区域（相邻隧道、就近车站、区间风井、U形槽路基段、斜井、隧道出入口楼梯、高架区间疏散楼梯等）。

③ 列车车尾（行驶方向最后一节车厢）着火时，组织列车乘客向列车运行方向疏散，启用区间通风系统向列车运行反方向排烟，同时及时利用疏散平台、联络通道等途径将乘客以最优、最快路径疏散至安全区域。

④ 列车中部着火时（除车头、车尾），以着火位置为界，组织列车乘客向两端疏散，利用疏散平台、联络通道等途径将乘客以最优、最快路径疏散至安全区域，原则上待任一端人员全部疏散至安全位置后，司机上报OCC调度一端疏散至安全区域，OCC调度确保未疏散至安全位置端的乘客迎风疏散。

（3）高架区间应急处置原则。

① 当车头起火时，向后方就近疏散点位疏散。

② 当车尾起火时，向前方就近疏散点位疏散。

③ 当列车中部着火时，向两端就近疏散点位疏散。

2. 列车在区间发生火灾的应急处置措施

一旦发现火情，应有条不紊地按照预先制定的扑火方案进行实施。必须迅速及时地将火扑灭，把损失控制在最低限度。

（1）线网指挥中心。

① 根据现场汇报的火情状况及可能造成的影响，启动公司相应级别的突发事件应急响应。

② 持续跟进并报送火灾事件的最新状况，及时传达应急指挥中心对火灾处置的相关要求。

③结合现场情况，要求司机尽可能维持列车进站，进站后按"列车停靠站时发生火灾"的处理程序办理。若列车迫停区间，则按以下处理程序办理。

④结合现场情况，向司机下达疏散列车内乘客的命令，并启动区间疏散、区间列车转运乘客、列车救援等救援方案。

⑤结合现场情况操作隧道通风系统执行对应的火灾模式，若中央级操作失效，则下发指令和权限，由车站进行相应操作。

⑥对应急抢险队伍、各类应急物资及设备进行统一调遣和安排。

⑦结合现场情况调整行车组织方式，视情况采取小交路、备车上线等方式最大限度地维持运营。

⑧结合现场情况调整客运组织方式，视情况启动相应级别的客流限制，视情况启动公交接驳方案。

⑨做好火灾扑灭后的后续处置、运营恢复及其他指挥协调工作。

（2）运营分公司。

①若现场有视频监控设备，则通过视频监控设备确认火情，并组织人员做好个人防护，前往现场扑救初期火灾；若现场无视频监控设备，则组织人员做好个人防护，前往现场确认火情并扑救初期火灾。

②组建现场指挥部并安排人员担任现场指挥，做好现场处置指挥工作，结合各级领导到达现场的情况，主动请示是否移交现场指挥权。

③及时向线网指挥中心和现场指挥汇报现场火情状况及处置措施。

④及时报119、地铁公安、120等政府救援机构。

⑤若列车维持进站，进站后按"列车停靠站时发生火灾"的处理程序办理；若列车迫停区间，则按以下处理程序办理。

⑥按照线网指挥中心命令，安排人员进入区间引导列车内乘客进行疏散。

⑦按照线网指挥中心命令，对列车施加停放制动，降下受电弓，打开疏散平台侧车门，做好列车内乘客的疏散工作。

⑧操作车站相关设备执行灾害联动，关停车站进站方向和乘车方向自动扶梯，引导乘客通过疏散通道进行疏散。

⑨ 按照线网指挥中心命令，做好行车调整、客运调整和公交接驳工作。

⑩ 在车站出入口张贴告示，同时迎接119、110、120等政府救援力量并做好相应配合。做好火灾扑灭后的后续处置、运营恢复及其他配合工作。

（3）维保分公司。

① 当公司发布火灾突发事件应急响应时，立即组织应急抢险队伍并携带相应物资，及时赶赴线网指挥中心指定的集结或待命地点。

② 请示现场指挥，按照现场指挥命令组织开展火灾应急抢险工作，应在急抢险过程中注意做好个人防护。

③ 做好火灾扑灭后的后续处置、运营恢复及其他配合工作。

（4）物资分公司。

① 当公司发布火灾突发事件应急响应时，立即做好火灾应急物资准备，接线网指挥中心支援命令后及时增援物资。

② 做好火灾扑灭后的后续处置、运营恢复及其他配合工作。

（5）其他部门及下属单位。

① 党群宣传部负责做好舆情监控、舆论回复、媒体应对、危机公关等工作。

② 当公司发布火灾突发事件应急响应时，其他各部门应立即做好增援准备，接线网指挥中心支援命令后，组织人员、应急物资及时赶赴指定地点参与抢险救援工作。

③ 各部门应做好处置过程中的安全监控及防护以及后勤保障、善后处置等工作。

长大区间火灾应急处置流程如图5-27所示。

3．区间设备火灾应急处置措施

（1）线网指挥中心。

① 根据现场汇报的火情状况及可能造成的影响，启动公司相应级别的突发事件应急响应。

② 持续跟进并报送火灾事件的最新状况，及时传达应急指挥中心对火灾处置的相关要求。

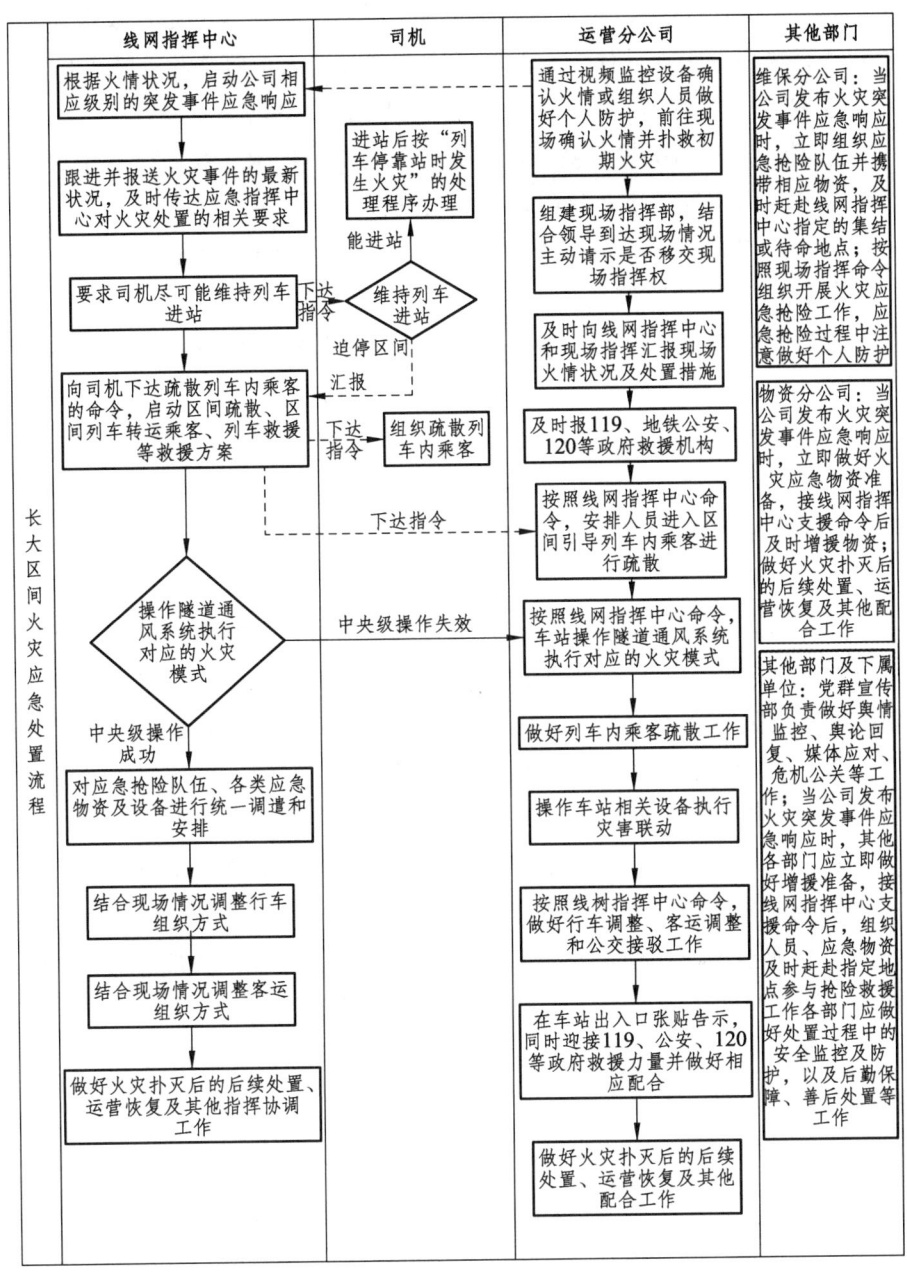

图 5-27 长大区间火灾应急处置流程

③结合现场情况，要求司机尽可能在着火点前停车并退回发车站；若列车无法在着火点前停车，则组织列车越过着火点后于就近站停靠。

④结合现场情况，向司机下达疏散列车内乘客的命令。

⑤结合现场情况操作隧道通风系统执行对应的火灾模式，若中央级操作失效，则下发指令和权限，由车站进行相应操作。

⑥对应急抢险队伍、各类应急物资及设备进行统一调遣和安排。

⑦结合现场情况调整行车组织方式，视情况采取小交路、备车上线等方式最大限度维持运营；遇换乘站时，及时通知邻线OCC调整行车组织方式。

⑧结合现场情况调整客运组织方式，视情况启动相应级别的客流限制，视情况启动公交接驳方案。

⑨做好火灾扑灭后的后续处置、运营恢复及其他指挥协调工作。

（2）运营分公司。

①若现场有视频监控设备，则通过视频监控设备确认火情，并组织人员做好个人防护，前往现场扑救初期火灾；若现场无视频监控设备，则组织人员做好个人防护，前往现场确认火情并扑救初期火灾。

②组建现场指挥部并安排人员担任现场指挥，做好现场的处置指挥工作，结合各级领导到达现场的情况，主动请示是否移交现场指挥权。

③及时向线网指挥中心和现场指挥汇报现场火情状况及处置措施。

④及时报消防、地铁公安、医疗救护人员等政府救援机构。

⑤按照线网指挥中心命令，对列车施加停放制动，降下受电弓，打开站台侧车门和屏蔽门，做好列车内乘客的疏散工作。

⑥操作车站相关设备执行灾害联动，关停车站进站方向和乘车方向自动扶梯，引导乘客通过疏散通道进行疏散。

⑦按照线网指挥中心命令，做好行车调整、客运调整和公交接驳工作。

⑧在车站出入口张贴告示，同时迎接119、110、120等政府救援力量并做好相应配合。

⑨做好火灾扑灭后的后续处置、运营恢复及其他配合工作。

（3）维保分公司。

① 当公司发布火灾突发事件应急响应时，立即组织应急抢险队伍并携带相应物资，及时赶赴线网指挥中心指定的集结或待命地点。

② 请示现场指挥，按照现场指挥命令组织开展火灾应急抢险工作，检查确认区间信号线缆、接触网等影响行车的设备是否正常工作，应急抢险过程中要注意做好个人防护。

③ 做好火灾扑灭后的后续处置、运营恢复及其他配合工作。

（4）物资分公司。

① 当公司发布火灾突发事件应急响应时，立即做好火灾应急物资准备，接线网指挥中心支援命令后及时增援物资。

② 做好火灾扑灭后的后续处置、运营恢复及其他配合工作。

（5）其他部门及下属单位。

① 党群宣传部负责做好舆情监控、舆论回复、媒体应对、危机公关等工作。

② 当公司发布火灾突发事件应急响应时，其他各部门应立即做好增援准备，接线网指挥中心支援命令后，组织人员、应急物资及时赶赴指定地点参与抢险救援工作。

③ 各部门应做好处置过程中的安全监控及防护、后勤保障、善后处置等工作。

### 5.3.3 长大区间瓦斯泄漏应急处置

瓦斯又叫甲烷（$CH_4$），是城市轨道交通隧道内重要的危害因素。它是在煤的生成和变质过程中，在地壳压力和高温作用下伴生的气体。瓦斯是无色、无味、无臭的气体，但有时也可以让人闻到类似苹果的香味，这是由于芳香族的碳氢气体同瓦斯同时涌出的缘故。瓦斯对空气的相对密度是 0.554，在标准状态下瓦斯常积聚在巷道上部及高顶处。瓦斯的渗透能力是空气的 1.6 倍，难溶于水，达到一定浓度时，能使人因缺氧而窒息，并能发生燃烧或爆炸。瓦斯的泄漏、燃烧、爆炸是城市轨道交通运营事故紧急情景之一。瓦斯泄漏风险分析如表 5-7 所示。

表 5-7 瓦斯泄漏风险分析

| 分类 | 风险点 | 诱发因素 | 后果（可能导致的事故） |
|---|---|---|---|
| 瓦斯 | 瓦斯泄漏 | 地震等自然灾害引起隧道变形或坍塌 | 隧道瓦斯泄漏，造成人员中毒、窒息、伤亡、行车中断，甚至发生爆炸、火灾，造成建筑结构坍塌等 |
| | | 地陷、隧道塌陷等建筑结构缺陷 | |
| | | 隧道内、外施工引起隧道变形或坍塌 | |
| | | 列车在隧道内发生火灾或爆炸等突发情况引起隧道形变或坍塌 | |
| | 瓦斯监控系统故障 | 综合监控系统失效或故障未及时排除、电气化设备强电磁场干扰 | 不能及时发现瓦斯泄漏、集聚，达到危险浓度 |

1. 应急处置原则

（1）当瓦斯监控系统全部或局部失效无法监控隧道瓦斯浓度时，保持正常运营，立即开展设备故障处置，同时每 2 h 安排专业人员对无法监控区域进行现场抽测瓦斯浓度。

（2）当瓦斯隧道任意一个瓦斯传感器发生瓦斯浓度超限时，按以下原则处置：

① 系统确认为误报警时，按照设备故障处置。

② 现场人员到达后，根据现场人员检测数据调整应急措施。

③ 瓦斯浓度小于 0.3% 时，利用列车运行活塞风稀释瓦斯浓度。

④ 0.3%≤瓦斯浓度＜0.5% 时：

（a）隧道通风：立即启动隧道通风设备。

（b）现场检测：立即组织专业人员现场检测（可添乘载客列车）。

⑤ 0.5%≤瓦斯浓度＜1.5% 时：

（a）隧道通风：立即启动隧道通风设备。

（b）行车调整：立即扣停开往瓦斯泄漏区域的载客列车，组织已进入区间载客列车退回发车站，来不及扣停的载客列车组织行驶至下一站。

（c）现场检测：立即组织专业人员现场检测（可添乘清客列车）。

⑥ 瓦斯浓度不小于 1.5%时：

（a）隧道通风：停止报警瓦斯传感器 100 m 范围内的隧道风机运转，保持其他风机运转。

（b）行车调整：立即扣停开往瓦斯泄漏区域的列车，组织已进入区间列车退回发车站，来不及扣停列车组织行驶至下一站。

（c）设备停电：对报警瓦斯传感器 100 m 范围内接触网和其他电气设备进行停电。

（d）人员撤离：按照就近原则，组织泄漏区间所有人员撤离至安全位置（相邻隧道、斜井、区间风井、车站等）后再经最短路径撤离至地面。

⑦ 行车、设备恢复。

（a）设备恢复：当瓦斯浓度小于 0.5%且不继续上涨时，将关停的隧道通风设备恢复运转，恢复接触网、电气设备供电。

（b）行车恢复：当瓦斯浓度小于 0.5%且不继续上涨的趋势时，恢复该区间正常载客运营。

⑧ 瓦斯爆炸。

（a）隧道通风：启动该区间满足条件的隧道通风设备。

表 5-8　不同瓦斯浓度情况下的应急处置原则

| 序号 | 瓦斯浓度 | 现场确认 | 隧道通风 | 相关区间行车组织 | 设备带电/停电 | 相关人员撤离 |
|---|---|---|---|---|---|---|
| 1 | 任意一个瓦斯传感器发生瓦斯浓度超限，现场人员到达后，根据现场人员检测数据调整应急措施 | | | | | |
| 2 | 瓦斯浓度<0.3% | | 利用列车运行活塞风稀释瓦斯浓度 | | | |
| 3 | 0.3%≤瓦斯浓度<0.5% | 专业人员现场检测 | 启动 | 正常行车 | 带电 | 不撤离 |
| 4 | 0.5%≤瓦斯浓度<1.5% | | 启动 | 停止载客运营 | 带电 | 不撤离 |
| 5 | 瓦斯浓度≥1.5% | / | 传感器 100 m 范围内风机停止 | 停止行车 | 传感器 100 m 范围内电气设备停电 | 区间人员撤离 |

续表

| 序号 | 瓦斯浓度 | 现场确认 | 隧道通风 | 相关区间行车组织 | 设备带/停电 | 相关人员撤离 |
|---|---|---|---|---|---|---|
| 6 | 瓦斯爆炸 | / | 紧邻传感器浓度≥1.5%，停止通风；紧邻传感器浓度≤0.5%，启动通风 | 停止行车 | 爆炸区间接触网及其他电气设备停电 | 区间人员紧急疏散 |

（b）行车调整：立即扣停开往发生瓦斯爆炸区域的列车，组织已进入区间列车退回发车站。

（c）设备停电：对瓦斯爆炸区间接触网和其他电气设备停电。

（d）人员疏散：若列车迫停区间，按区间紧急疏散程序疏散区间人员，同时申请外部救援力量支援。

2. 应急处置措施

运营期间瓦斯浓度超限时，各关键岗位人员工作职责及处置流程如表 5-9 所示。

表 5-9 运营期间瓦斯浓度超限时各关键岗位人员工作职责及处置流程

| 岗位 | 工作职责及处置流程 |
|---|---|
| 行车调度 | 1.信息通报：了解瓦斯浓度报警现场信息（报警的具体区域、公里标、列车运行情况），同时组织司机加强监控，报值班主任及OCC各调、运营调度、生产调度。<br>2.不同瓦斯浓度下处置措施：<br>当 0.3%≤瓦斯浓度<0.5%时：<br>（1）现场检测：组织专业人员添乘载客列车或从车站、斜井、风井等位置步行进入区间检测瓦斯浓度，做好轨行区安全卡控。<br>（2）现场信息跟进：持续跟进现场信息，做好行车调整准备。<br>当 0.5%≤瓦斯浓度<1.5%时：<br>（1）现场检测：组织专业人员添乘清客列车或从车站、斜井、风井等位置步行进入区间检测瓦斯浓度，做好轨行区的安全卡控。 |

续表

| 岗位 | 工作职责及处置流程 |
|---|---|
| 行车调度 | （2）初期行车调整：调整行车秩序，立即扣停开往该瓦斯泄漏区域的载客列车，组织区间载客列车退回发车站，来不及扣停载客列车组织行驶至下一站。<br>（3）保障运力：视情况通过小交路、加开列车、单线双向运行、公交接驳等最大限度维持运营。<br>（4）行车恢复：瓦斯浓度<0.5%且无继续上涨趋势时，恢复该区间正常载客运营。<br>当瓦斯浓度≥1.5%时：<br>（1）初期行车调整：调整行车秩序，立即扣停开往该瓦斯泄漏区域的列车，组织区间列车退回发车站，来不及扣停的列车组织行驶至下一站。<br>（2）保障运力：视情况通过小交路、加开列车、单线双向运行、公交接驳等方式最大限度维持运营。<br>（3）行车恢复：瓦斯浓度<0.5%且无继续上涨的趋势时，恢复该区间正常载客运营。<br>当发生瓦斯爆炸时：<br>（1）初期行车调整：调整行车秩序，立即扣停开往该瓦斯爆炸区域的列车，组织区间列车退回发车站，来不及扣停列车组织行驶至下一站。<br>（2）保障运力：视情况通过小交路、加开列车、单线双向运行、公交接驳等方式最大限度维持运营。<br>（3）区间紧急疏散：若列车迫停区间，按区间紧急疏散程序组织区间人员疏散。<br>（4）外部支援：申请外部救援力量支援。<br>3.确认出清：抢修结束后，确认人员机具出清，组织首列车限速25 km/h通过处置区域 |

续表

| 岗位 | 工作职责及处置流程 |
|---|---|
| 电力调度 | 1.信息通报：确认报信息及影响范围，立即通报OCC各调度、车站、设备调度、专业生产调度。<br>2.不同瓦斯浓度下处置措施；<br>当0.3%≤瓦斯浓度<1.5%时：<br>（1）隧道通风：与车站人员确认现场安全后，点击联动按钮启动隧道通风，确认相应隧道风机是否联动，若未联动则手动启动或通知车站通过IBP启动或通知机电人员就地启动。<br>（2）设备监控：加强供电、环控系统设备监控，定时查看报警传感器及附近瓦斯浓度变化情况，做好信息通报。<br>当瓦斯浓度≥1.5%时：<br>（1）隧道通风：与车站人员确认现场安全后，点击联动按钮启动隧道通风，确认相应隧道风机是否联动，若未联动则手动启动或通知车站通过IBP启动或通知机电人员就地启动。根据浓度变化，增加通风量。<br>（2）设备监控：加强供电、环控系统设备监控，定时查看报警传感器及附近瓦斯浓度的变化情况，做好信息通报。<br>（3）停止通风：停止报警瓦斯传感器100 m范围内隧道风机运转，保持其他已启动风机运转；<br>（4）接触网停电：组织对报警瓦斯传感器100 m范围内接触网进行停电。<br>（5）接触网送电：瓦斯浓度<0.5%且无继续上涨趋势，满足送电条件后，组织接触网送电。<br>（6）恢复隧道通风：瓦斯浓度<0.5%且无继续上涨趋势，恢复其100 m范围内隧道通风设备。<br>当发生瓦斯爆炸时：<br>（1）隧道通风：风机紧邻瓦斯传感器检测浓度<0.5时，启动该风机通风，通风方向应尽量保障人员不处于瓦斯与空气混合风流中；紧邻瓦斯传感器检测浓度≥1.5时，停止该风机运转。 |

续表

| 岗位 | 工作职责及处置流程 |
|---|---|
| 电力调度 | （2）设备监控：加强供电、环控系统设备监控，定时查看报警传感器及附近瓦斯浓度变化情况，做好信息通报。<br>（3）接触网停电：对瓦斯爆炸区间接触网停电。<br>3.配合处置：根据现场专业救援人员需求，配合开启相应的环控模式。<br>4.处置结束：应急处置结束，恢复日常环控模式 |
| 维修调度 | 1.不同瓦斯浓度下处置措施；<br>当 $0.3\% \leq$ 瓦斯浓度 $< 1.5\%$ 时：<br>（1）发布抢修：发布抢修命令，确定主抢修专业和配合抢修专业。<br>（2）跟进处置：跟进抢修人员到位情况，跟进抢修方案和抢修进度，确认处置措施及影响范围、预计恢复时间等，做好信息通报。<br>（3）抢修组织：协调及跟进故障处置，组织专业人员进入区间检测，收集进入区间需求及初期安排，做好信息报送。<br>（4）安全提醒：提醒现场检测人员避让列车。<br>当瓦斯浓度 $\geq 1.5\%$ 时：<br>（1）发布抢修：将故障信息通报相关生产调度并发布抢修命令，确定主抢修主专业和配合抢修专业。<br>（2）跟进处置：跟进抢修人员到位情况，跟进抢修方案和抢修进度，确认处置措施及影响范围、预计恢复时间等，做好信息通报。<br>（3）设备停电：组织各专业对报警瓦斯传感器 100 m 范围内电气设备进行停电。<br>（4）组织撤离：组织公司参与抢修人员及区间值守人员撤离瓦斯泄漏区域。<br>（5）恢复供电：瓦斯浓度 $< 0.5\%$ 且无继续上涨趋势，组织各专业恢复其 100 m 范围内区间电气设备供电。<br>当发生瓦斯爆炸时：<br>（1）发布抢修：将故障信息通报相关生产调度并发布抢修命令，确定主抢修主专业和配合抢修专业。 |

续表

| 岗位 | 工作职责及处置流程 |
| --- | --- |
| 维修调度 | （2）跟进处置：跟进抢修人员到位情况，跟进抢修方案和抢修进度，确认处置措施及影响范围、预计恢复时间等，做好信息通报。<br>（3）设备停电：组织对该区间电气设备停电。<br>（4）组织撤离：组织参与抢修人员及区间值守人员撤离瓦斯爆炸区间。<br>2.结束抢修：应急处置结束，与设备抢修负责人确认设备恢复及线路出清情况，结束抢修 |
| 值班站长 | 1.现场组织：组织抢修时的客运调整，并做好应急备品准备、列车清客等工作。<br>2.轨行区卡控：与行调办理"进入区间"手续，协助开展处置工作。<br>3.现场处置：根据行调指令对相关影响行车的设备进行临时处置。<br>4.车站客运组织：根据调度命令，做好小交路、公交接驳等车站客运组织。<br>5.车站疏散及封站：根据调度命令，做好车站、区间乘客疏散及车站封闭。<br>6.现场指挥部建立：启动突发事件响应时，在事发地点安全区域或就近车站建立现场指挥部，准备现场指挥部备品，担任初期"现场指挥"。<br>7.支援力量对接：做好与119、110、120、公交车等外部支援力量对接。<br>8.恢复客运：抢修结束后，负责客运恢复工作 |
| 行车值班员 | 1.设备监控：瓦斯浓度超限时，立即通报行调及车站各岗位，监控瓦斯浓度及环控设备运行。<br>2.信息传达：接收行调故障信息通知，并通报车站各岗位。<br>3.设备操作：根据抢修需求，配合做好信号工作站、IBP盘、综合监控等属地设备操作。<br>4.申请外部支援：视情况申请119、120、110等外部支援力量。<br>5.跟进处置：跟进站务相关故障处理进度上报行调。<br>6.出清情况统计：统计轨行区出清情况，上报行调 |

续表

| 岗位 | 工作职责及处置流程 |
|---|---|
| 机电专业人员 | 1.信息通报：确认通报信息及影响范围，立即通报电调、专业生产调度；<br>2.不同瓦斯浓度下处置措施：<br>当 0.3%≤瓦斯浓度＜1.5%时：<br>（1）现场检测：做好自身防护，上报维调进入区间需求，并将现场检测结果报电调。<br>（2）制定措施：检查现场泄漏原因，确认影响范围，视情况制定临时处置措施，上报维调。<br>（3）现场处置：设备抢修负责人组织现场各专业人员开展现场处置，处置过程中安排专人监控瓦斯浓度，提醒各专业处置人员。<br>当瓦斯浓度≥1.5%：<br>（1）制定措施：检查现场泄漏原因，确认影响范围，视情况制定临时处置措施，上报维调。<br>（2）设备停电：根据维调指令，安排人员对所属电气设备停电。<br>（3）组织撤离：设备抢修负责人通知公司参与抢修人员、本专业值守人员，撤离瓦斯泄漏区域，设备抢修负责人做好人员清点上报维调。<br>（4）供电恢复：根据维调指令恢复所属区间设备供电。<br>当发生瓦斯爆炸时：<br>（1）设备停电：根据维调指令，安排人员对所属电气设备停电。<br>（2）组织撤离：设备抢修负责人通知公司参与抢修人员、本专业值守人员撤离瓦斯爆炸区间，设备抢修负责人做好人员清点上报维调。<br>3.现场恢复：现场处置结束，通报报维调，恢复本专业设备，撤出轨行区。<br>4.支援力量对接：做好与119、110、120等外部支援力量的对接 |
| 公司其他专业人员 | 1.当瓦斯浓度＜0.3%时，做好应急准备。<br>2.当 0.3%≤瓦斯浓度＜1.5%时：<br>（1）确认专业设备：监控设备运行状态，组织专业人员到达设备房，做好进一步处置准备。 |

续表

| 岗位 | 工作职责及处置流程 |
|---|---|
| 公司其他专业人员 | （2）制定措施：根据故障视情况制定临时措施，上报维调。<br>3.当瓦斯浓度≥1.5%时：<br>（1）设备停电：根据维调指令，安排人员对所属电气设备停电。<br>（2）组织撤离：听从设备抢修负责人安排组织本专业抢修人员、区间值守人员撤离区间。<br>（3）供电恢复：根据维调指令恢复所属区间设备供电。<br>4.当发生瓦斯爆炸时：<br>（1）设备停电：根据维调指令，安排人员对所属电气设备停电。<br>（2）组织撤离：组织本专业抢修人员、区间值守人员撤离瓦斯爆炸区间，专业负责人做好人员清点上报设备抢修负责人。<br>5.现场恢复：现场处置结束，通报维调，恢复本专业设备，撤出轨行区 |

## 5.3.4 长大区间自然灾害应急处置

成都地处我国南北地震带中段，是一个受地震活动影响较重的地区。此外，成都大雾、重污染天气、暴雨、大风、高温等恶劣天气频发，地震及各类恶劣天气可能导致设备损坏及运营延误，甚至造成地铁运营中断、人员伤亡，对地铁运营及安全生产作业造成较大影响。自然灾害突发事件是指由于发生地震、大雾、重污染天气、冰雪、冰雹等，造成或可能造成人员伤亡和财产损失或影响公司安全运营的紧急事件，是城市轨道交通运营事故紧急情景之一。自然灾害风险分析如表5-10所示。

表5-10 自然灾害风险分析

| 分类 | 风险点 | 后果（可能导致的事故） |
|---|---|---|
| 地震 | 土建结构、运营设备损坏 | 运营延误、中断；设备受损；通信中断；大面积停电；财产损失、人员伤亡等 |
| | 行车、客流秩序打乱 | 人员踩踏伤亡、社会负面舆情等 |

续表

| 分类 | 风险点 | 后果（可能导致的事故） |
| --- | --- | --- |
| 大雾 | 高架、地面区段行车 | 行车延误、冒进信号等 |
| | 地面车辆基地行车 | 列车挤岔、冒进信号、冲突等 |
| 重污染天气 | 大客流；高架、地面区段行车能见度降低 | 客运服务质量降低、人员踩踏；行车延误、冒进信号等 |
| 冰雪 | 高架、地面区段行车 | 行车延误、冒进信号、冲突、列车打滑等 |
| | 道岔结冰 | 设备损坏、列车打滑等 |
| | 接触网结冰 | 设备损坏、运营延误、中断等 |
| 冰雹 | 室外作业 | 人员伤亡等 |
| | 高架、地面区段设备受损 | 设备损坏、行车延误等 |
| 暴雨 | 车站等生产场所进水 | 客运服务质量降低、设备受损、车站（出入口）进水关闭、人员伤亡等 |
| | 轨行区积水 | 行车延误、中断；设备损坏；人员伤亡；列车打滑等 |
| 雷电 | 室外作业 | 人员伤亡等 |
| | 设备受损 | 设备损坏、行车延误等 |
| 大风 | 受电弓、接触网受损 | 设备损坏；行车延误、中断等 |
| | 室外作业 | 人员伤亡等 |
| 高温 | 设备受损 | 设备损坏等 |
| | 室内外作业人员 | 人员中暑、伤亡等 |
| 山体滑坡 | 线路受损 | 线路设备、结构受损；人员伤亡；运营延误、中断等 |

由于成都地铁18号线5个长大区间属于地下线路,自然灾害中大雾、重污染天气、冰雪、冰雹、雷电、大风、高温、山体滑坡等对其影响较小,地震、暴雨对其影响较大。

1. 地震

(1) 响应分级。

公司地震应急响应由低到高分为三级、二级和一级：

① 地震预警系统发出公司管辖范围内预估烈度为5(含)至6(不含)度的地震预警信息或成都市启动地震三级响应时，公司启动地震三级响应。

② 地震预警系统发出公司管辖范围内预估烈度为6(含)至7(不含)度的地震预警信息或成都市启动地震二级响应时，公司启动地震二级响应。

③ 地震预警系统发出公司管辖范围内预估烈度为7(含)度以上的地震预警信息或成都市启动地震一级响应时，公司启动地震一级响应。

(2) 响应启动、变更及解除。

① 公司地震响应启动、变更及结束工作，由线网指挥中心负责。

② 地震预警系统发出预估地震烈度为5(含)度以上信息或成都市启动地震响应时，公司根据分级要求启动相应等级地震响应，后续可根据地震预警系统实测烈度变更地震响应级别。

③ 地震响应启动30 min后，在无震感且经各专业人员检查判断地震未对地铁运营造成影响的情况下，可结束地震响应。

④ 应急处置原则。

不同地震级别应急处置原则如表5-11所示。

表5-11 不同地震级别应急处置原则

| 地震级别 | 应急处置原则 |
| --- | --- |
| 地震三级 | 1.观察为主，一般不采取紧急处置措施，重点排查地面及高架车站，视情况停止登高、吊装、密闭空间等高风险作业。<br>2.各部门及下属单位间做好信息沟通、联络，严格服从线网指挥中心安排 |
| 地震二级 | 1.以列车降速运行、加强设备巡视为主，区域应急抢险队伍在岗待命。<br>2.全面排查各车站、场段因地震受到的影响，必要时采取抢修、抢险措施。 |

续表

| 地震级别 | 应急处置原则 |
|---|---|
| 地震二级 | 3.登高、吊装、密闭空间等高风险作业人员立即停止作业，开展针对性隐患排查工作。<br>4.各部门及下属单位间做好信息沟通、联络，严格服从线网指挥中心安排 |
| 地震一级 | 1.以停运、清客、疏散为主，在确保安全的情况下，首先开展人员疏散、救治工作。<br>2.区域应急抢险队伍赶赴现场，其他各级人员到岗或赶赴现场。<br>3.全面对人员伤亡及设备受损情况进行排查，在确保安全情况下，开展应急处置工作。<br>4.应急响应结束前，停止各类存在的安全风险作业。<br>5.各部门及下属单位间做好信息沟通、联络，严格服从线网指挥中心安排 |

（3）处置措施。

① 线网指挥中心

（a）根据地震预警系统发出地震信息或成都市发布的地震响应信息，启动公司地震应急响应。

（b）承担应急指挥中心职责。如遇一级地震，因地震造成应急指挥职责无法履行时，及时启动备用方案。

（c）收集、报送地震响应重要节点信息，将应急指挥中心相关处置要求及信息传达至各级人员。因采取应急措施造成停运、车站关闭等情况影响公众出行时，及时通过PIS、微博等渠道做好公众告知工作。

（d）组织下属单位加强线路行车瞭望，全面检查行车、供电、环控系统、照明、导向等设备设施运行及受影响情况，视情况发布抢修、抢险指令。

（e）根据应急处置需求，对行车组织、客运组织及设备运行模式做适当调整。当发生一级地震时，组织下属单位加强行车瞭望，全面开展各类设备运行、受影响情况及人员伤亡情况统计，视情况发布抢修、抢险指令。

（f）视应急处置需求统一安排抢险队伍及应急物资赶赴现场。

（g）组织做好善后处置工作。当发生一、二级地震时，地震响应结束，组织各下属单位完成设备设施运行状态确认，对行车客运组织进行恢复调整，并完成信息报送闭环。

（h）组织做好管辖范围内损失统计及保险申报工作。

② 运营分公司。

（a）按照公司信息报送要求，组织做好信息收集、上报工作，同时组织做好与各单位的沟通联络。

（b）遇三、二级地震时，负责组织做好运营线路轨行区的瞭望、观察及所属设备设施检查确认工作，安排专业人员检查土建结构、接触网、道岔等重点设备受损情况，组织受损设备快速恢复，并安排保驾。遇一级地震时，组织做好行车安全监控，在确保安全的情况下，视现场实际情况组织做好人员疏散、救治等工作。

（c）组织做好现场秩序维护、行车组织、客运组织、各级救援力量引导对接、安全卡控等工作，视情况报请110、119、120等救援力量。在确保安全的情况下，组织开展人员伤亡统计及管辖设备状态确认、受损设备恢复工作，并安排现场保驾。

（d）组织做好善后处置工作。

（e）组织做好管辖范围内损失统计及保险申报工作。

③ 其他联动部门及下属单位。

（a）物资分公司安排专人于各场段值守待命，确保物资快速调配、补充、发放到位，并组织做好管辖范围内损失统计及保险申报工作。

（b）党群宣传部按照舆情处置及线网信息管理相关规定组织做好对外信息发布、舆情监控、舆论回复、媒体应对、危机公关等工作。

（c）财务部组织各下属单位做好损失统计及保险申报工作。

（d）按照公司信息报送要求，组织做好信息收集、上报工作，同时组织做好与各单位的沟通联络。

（e）将地震信息通报至本部门（单位）全员，由本部门（单位）负责人组织做好支援准备工作，按照地震实际需求安排人员赶赴现场配合抢险。

（f）由公司支援保障组下属各小组牵头组建部门，组织做好后勤保障、技术支持、安全监控危机公关等支援保障工作。

（g）组织做好善后处置及配合工作。

2．暴雨天气

（1）预警分级。

按照四川省及成都市气象部门暴雨预警分级相关规定，暴雨预警由低到高依次分为蓝色、黄色、橙色、红色四级。

（2）预警发布。

①成都市气象台发布"暴雨预警"（由低到高依次为蓝色、黄色、橙色、红色四级）或"暴雨预警信号"（由低到高依次为黄色、橙色、红色三级）信息时，公司启动相应等级暴雨预警响应。在同时接报"暴雨预警"和"暴雨预警信号"时，按照"就高原则"启动公司暴雨预警响应。

②成都市气象台变更暴雨预警级别时，公司同步调整暴雨预警级别。

③暴雨预警结束时限按照成都市气象台暴雨预警信息执行。

④公司暴雨预警发布、变更、结束工作由线网指挥中心负责。

（3）处置措施。

暴雨蓝色预警时，9点至17点，公司各级值班人员在岗值班，其他时段电话值班。线网指挥中心组织、督促各专业加强安全巡视、监控，开展防汛值班情况抽查，收集、发布线网雨情，频率不低于3次/h，按照公司信息报送流程做好信息收集、报送工作。各部门及下属单位预警信息传达至全员，组织做好人员、物资准备，全员保持通信联络畅通，运营分公司组织做好列车运行瞭望和观察，运营分公司组织管辖车站加强巡查，巡查间隔不大于90 min。

暴雨黄色预警时，在暴雨蓝色预警响应基础上，下属单位组织职能部门安排人员在岗值班，线网指挥中心组织做好正线运营列车限速、降级运营、清客等紧急措施，运营分公司、维保分公司组织下属区域防汛抢险队伍做好应急抢险准备，接到抢险命令后能够迅速集结、响应，组织现场人员、应急值守人员加强对重点防汛站点的针对性检查，发现隐患、险情立即上报线网指挥中心并开展应急处置。

暴雨橙色预警时，在暴雨黄色预警响应的基础上，公司值班领导在岗值班。公司总部职能部门组织人员在岗值班，下属单位领导班子成员在岗值班，线网指挥中心收集、发布线网雨情，频率不低于 2 次/h，视情况启动线网应急保驾工作；各部门及下属单位关键岗位值班人员视情况赶赴现场值班，维保分公司、运营分公司组织下属区域应急抢险队伍做好应急抢险准备，确保接到抢险命令后能够在 30 min 内赶赴现场，运营分公司组织管辖车站加强巡查，巡查间隔不大于 60 min，党群宣传部组织做好舆情监测，主动回应社会公众关注的问题，及时澄清谣言传言，做好舆论引导工作。

暴雨红色预警时，在暴雨橙色预警响应基础上，公司领导班子成员在岗值班。

安全部履行应急指挥部办公室职责，监督各部门及下属单位做好应急响应准备，并视情况安排公司专家组进驻现场或应急指挥中心，对事态发展做出判断，并提供决策建议。线网指挥中心收集、发布线网雨情，频率不低于 1 次/小时，履行应急指挥部应急指挥中心职责，根据实际情况下达应急处置命令，组织做好紧急行车方案制定及现场应急处置方案审批，对线网应急抢险队伍及物资总体安排，组织做好公交接驳准备。各部门及下属单位运营分公司、维保分公司组织下属区域应急抢险队伍到位待命，物资分公司安排专人于各场段值守待命，确保物资快速调配、补充、发放到位，运营分公司组织管辖车站加强巡查，巡查间隔不大于 30 min，由公司支援保障组各小组牵头组建部门，组织做好各类支援保障准备工作。

3. 其他自然灾害

其他自然灾害对地铁运营造成的影响，可参照地震和暴雨天气的方案进行应急处置。

## 5.4 本章小结

本章主要从应急处置机构设置、一般情景和紧急情景的应急处置三个方面构建长大区间应急救援方案。应急处置机构主要包括指挥机构、专家组、抢险队伍，详细阐述了各机构的职责及运转流程。一般情景应急处置详细介绍了行车突发事件的应急处置，阐述了疏散处置原则和流程，得出了具体的疏散路径图。紧急情景方面，主要介绍了火灾、瓦斯泄漏、自然灾害三类紧急情景下的应急处置，得出了不同类型事件的处置流程和疏散路径。本章形成的应急救援方案为下一章的具体案例分析提供了理论支持。

# 6 成都地铁 18 号线长大区间（天府新站—三岔站）实例分析

本章以天府新站—三岔站某隧道区间为例展开分析（该区间长 1 km，联络通道间距为 611 m）。首先建立隧道火灾模型，通过该模型对不同工况下的行人有害特性进行模拟计算并展开分析，将达到行人临界指标的时间作为所需安全疏散时间，其次建立对应的行人疏散模型，计算不同行人数量下的必须疏散时间，最后比较两种不同的疏散时间以判定该区间的安全性。

## 6.1 隧道模型和参数设置

### 6.1.1 隧道模型介绍

隧道模型按照龙泉山—三岔湖站某地下区间构建，龙泉山—三岔湖站全长 19.3 km，本次模拟选取长为 1 km 的地下隧道为模型的计算长度，所选区间内包含两个纵向联络通道，隧道直径为 7 m，联络通道间距设置为 611 km，列车全长为 187 m，位于隧道中部。

隧道 3D 建模如图 6-1 所示。在 PyroSim 软件中为便于计算以及保证模拟分析的精度，靠近火源位置的列车区域选取网格尺寸为 $0.5\ m^3$ 的立方体模块进行分析，非临近火源的位置则选取 $1\ m^3$ 的立方体模块进行分析。

图 6-2 展示的是该模型隧道侧视图，红色圆形表示隧道，而黄色是所设置的联络通道，列车位于隧道内的轨行区域，同时设置有疏散平台和疏散楼梯等通行设备。

图 6-1 隧道模型

图 6-2 隧道模型侧视图

为有效还原模拟的真实度,将模型中隧道内部和联络通道表面设置为混凝土表面,将列车表面设置成钢表面,总的疏散时间设置为 2 500 s。为监测隧道火灾发生后的温度、能见度及环境指标的变化规律,本实验在每个和火源位置间隔 50 m 处以及两个联络通道中均设置了温度、烟雾等探测器,用来探测隧道发生火灾燃烧过程中对应环境指标参数的数值变化。考虑到人体构造条件,探测器均设置在距离疏散平台 1.8 m 位置处。同时在隧道中线延隧道设置一个温度切片和烟气切片,用于观测火灾过程中环境的变化状态。

### 6.1.2 火灾规模介绍

图 6-3 中呈现的是 18 号线列车模型,该模型车位于隧道中部,采用的是 8A 编组,车长我 187 m,模型中列车尺寸设置为 187 m×3 m×3.8 m,于列车中间位置设置着火源,选取 7 MW 作为模拟的火源热释放速率,

着火物体表面积设定为 4*2 m², 火源增长模式设定成快速增长模式, 其增长系数为 0.187 8。燃烧反应选择聚合物燃烧。

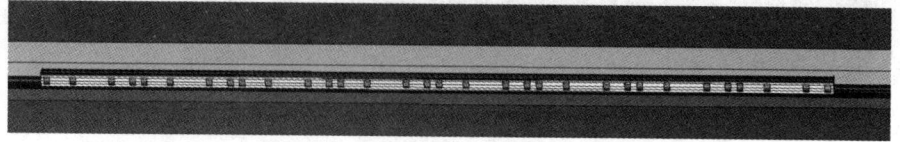

图 6-3 列车模型

### 6.1.3 火灾工况设置

在隧道内部设置纵向通风装置, 便于运营中隧道通风和紧急状态下的纵向和横向通风使用, 一定程度上可以降低封闭隧道区间的烟气浓度, 促进乘客紧急状态下的安全疏散。为深入分析紧急着火状态下的行人疏散安全性, 分别设置了如表 6-1 所示的 4 种不同的纵向通风工况, 将风速分别设置为 2 m/s、4 m/s、6 m/s 以及 8 m/s, 火源功率均设置成 7 MW 保持不变。

表 6-1 隧道纵向通风设置工况表

| 工况编号 | 纵向通风风速/(m/s) | 火源功率/MW |
|---|---|---|
| A1 | 2 | 7 |
| A2 | 4 | 7 |
| A3 | 6 | 7 |
| A4 | 8 | 7 |

## 6.2 隧道火灾数值模拟分析

### 6.2.1 隧道燃烧过程分析

隧道发生火灾时, 隧道内的纵向通风会影响烟气流动和温度变化, 而处于不同通风环境下的隧道环境指标变化是不同的, 图 6-5 为风机风速分别为 0、2 m/s、4 m/s、6 m/s、8 m/s 的隧道内烟气流动过程图。由于隧道模型尺寸较大，为便于展示，将其划分为左右两段进行监测。模型中的着火源位于列车中部，隧道火势不断增加，烟气也会随之弥漫。在图6-5（a）中可知，当纵向风速为0时，两侧烟气蔓延速度呈现对称，随着纵向风速的不断升高，烟气向下游弥漫的速度明显高于上游烟气弥漫的速度，且当风速越大，烟气通过上游风机所在的区段就越困难。

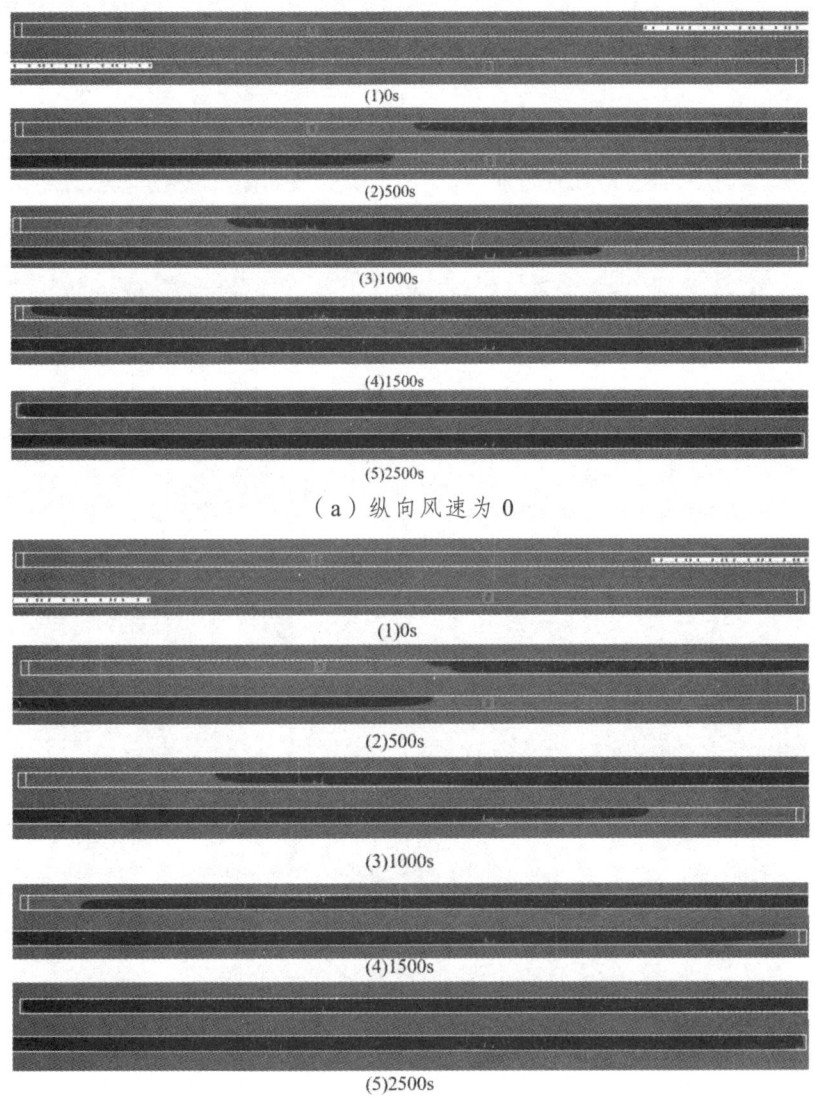

（a）纵向风速为0

（b）纵向风速为2m/s

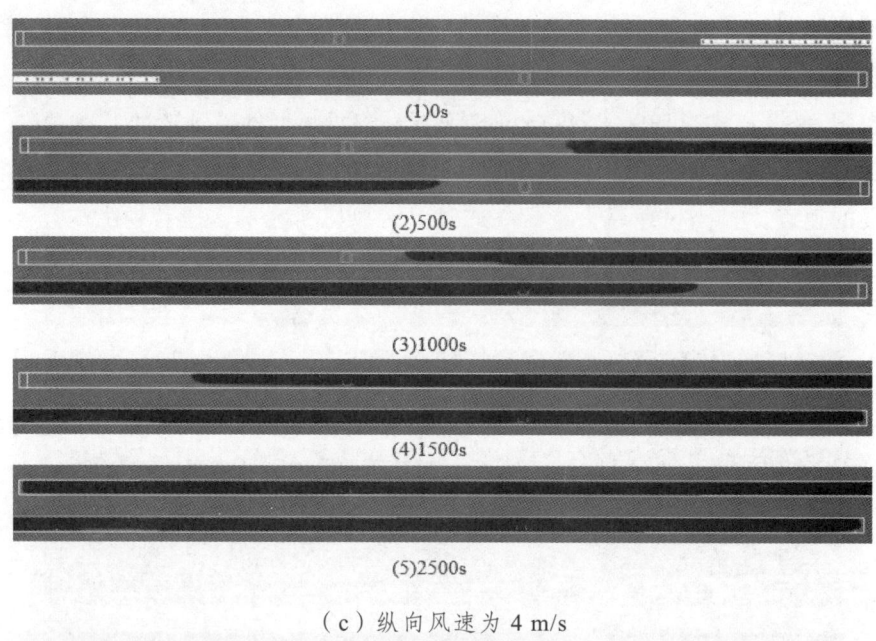

(1)0s

(2)500s

(3)1000s

(4)1500s

(5)2500s

（c）纵向风速为 4 m/s

(1)0s

(2)500s

(3)1000s

(4)1500s

(5)2500s

（d）纵向风速为 6 m/s

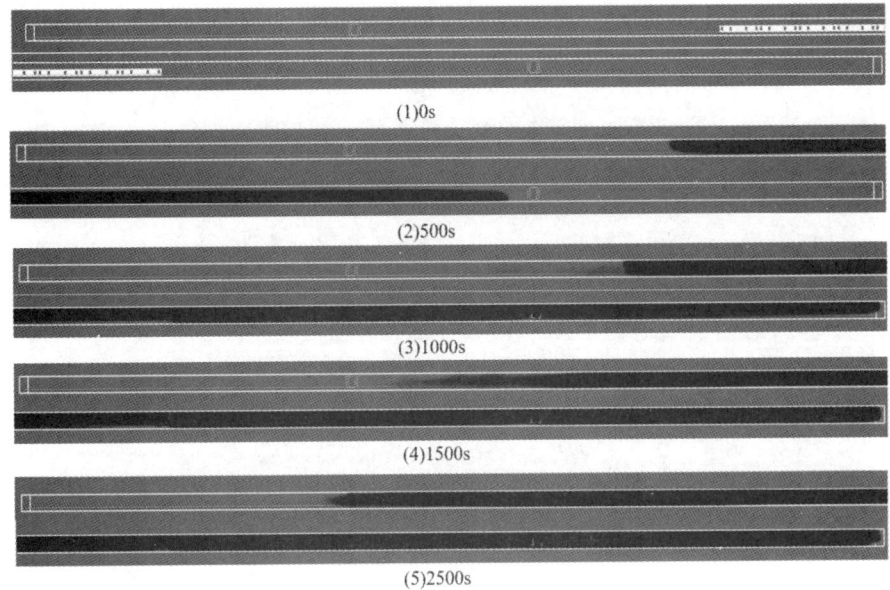

(e) 纵向风速为 8 m/s

图 6-4  不同纵向风速下隧道内的烟气流动状态

烟气通过列车车门抵达隧道内，使两端隧道烟气浓度逐渐升高，烟气最初均匀分布在隧道顶端，随着隧道火势的增加，烟气浓度不断增加，烟气高度也会不断降低，能见度下降，最终严重影响到隧道内行人安全。以纵向机械通风风速为 4 m/s 的情况为例，纵向机械通风风速为 4m/s 时的隧道内能见度变化切片图如图 6-5 所示。

通过图 6-5 我们可以看出，当隧道纵向通风风速被设置为 4 m/s 时，模拟初始阶段，火源还处于未燃烧的状态，隧道内左右能见度处于一个较高的水平，在图 6-4（c）中的场景图中也可以看出，此时隧道内还处于较为正常的状态。随着火源温度的不断升高，位于列车中部的燃烧物开始燃烧，并生成燃烧产物。在 500 s 时，图中左右两侧隧道内已充斥有大量的浓烟，其有浓烟的区域的能见度明显降低。由于隧道内存在纵向风速为 4 m/s 的纵向通风，隧道内下游的烟气弥漫速度会有所不同，下游（右侧）烟气明显比上游（左侧）烟气弥漫速度更快。当 1 000 s 时，可以看出此时下游联络通道中已有烟气，而上游的联络通道在纵向通风的影响下还处于无烟气的状态。随着时间的延长，最终隧道内上下游均被烟气影响。

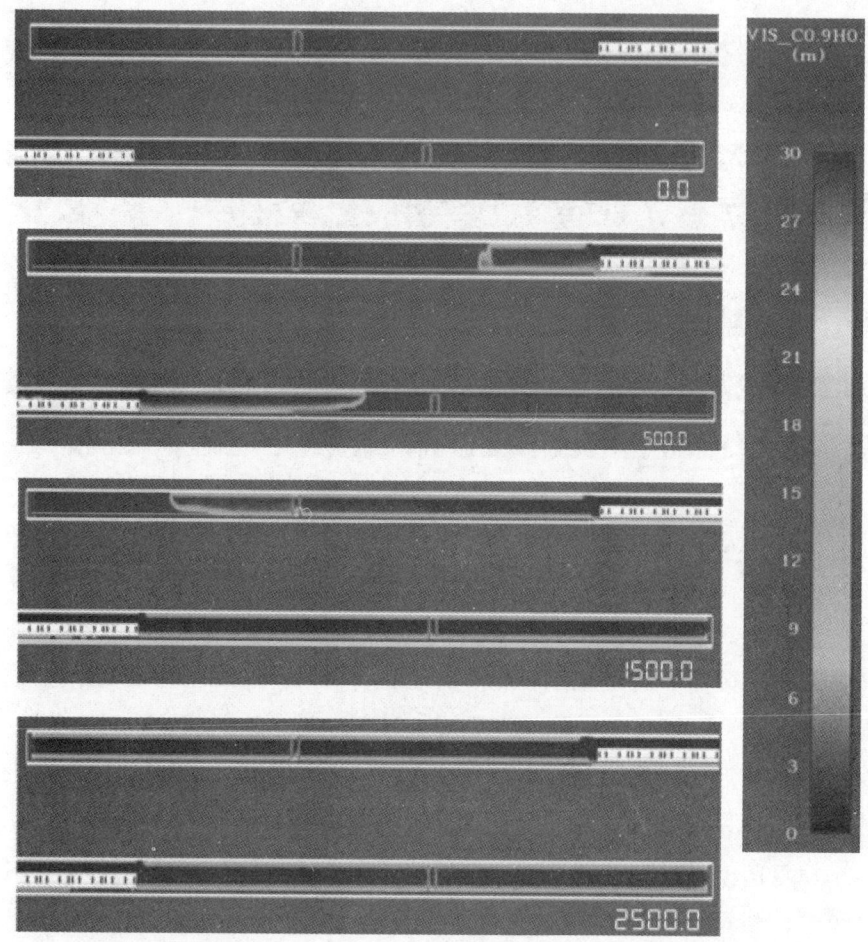

图 6-5　风速为 4 m/s 的情况下隧道内的能见度变化切片

图 6-6 中展示的是 2 500 s 时间内，不同纵向通风条件下 $XOZ$ 平面的纵向隧道温度切片图，在相同燃烧条件下，由于燃烧过程的随机性，不同风速对该切面的温度影响变化并不明显，但也是有规律可循的，以纵向通风风速设定为 4 m/s 时 $XOZ$ 轴温度切片图为例，在图 6-6（c）中可以看出在 0 s 时，隧道内还未燃烧；当燃烧至 100 s 时，着火位置的温度

不断升高，车厢周围的温度也不断上升；到 500 s 时，车厢内温度还处于不断升高的趋势，并且在列车外围的空气的温度也逐渐提升；到 1 000 s 时，可以看出着火位置的温度有所下降，这可能是由于随着时间的推移，车厢内氧气含量不断降低，从而抑制了车厢内的燃烧；直到 1 500 s 时，车厢内温度才相对有所降低，此时列车外围的温度有所提升；当 2 500 s 时，模拟时间结束，能够发现车厢内部温度降低，车厢外部温度还处于不断上升的趋势。

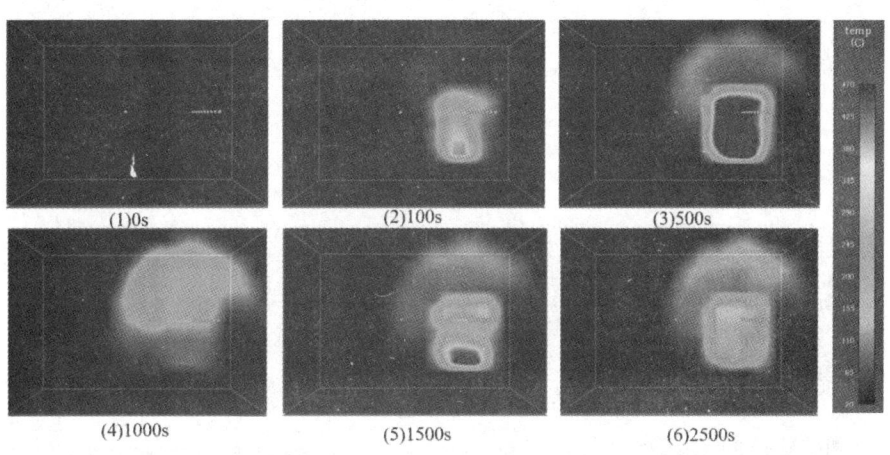

（a）纵向风速为 0 m/s 时

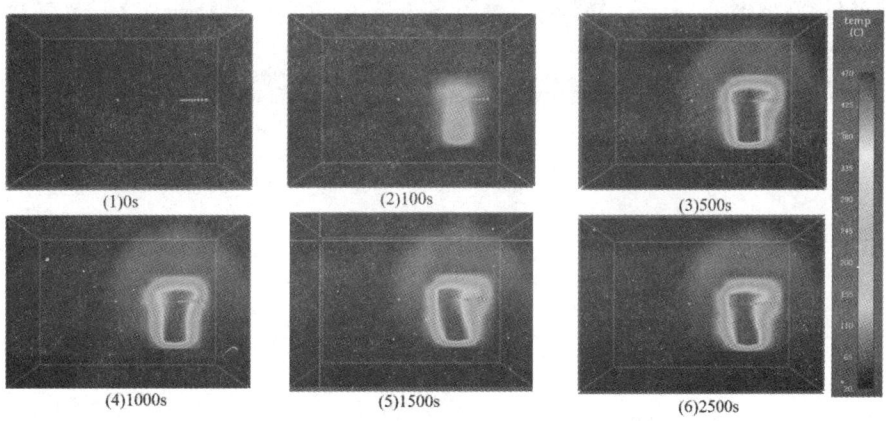

（b）纵向风速为 2 m/s 时

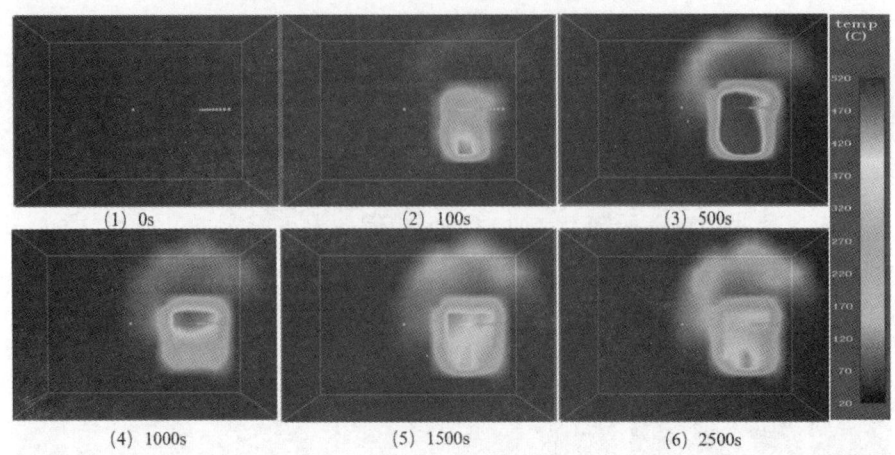

(c)纵向风速为 4 m/s 时

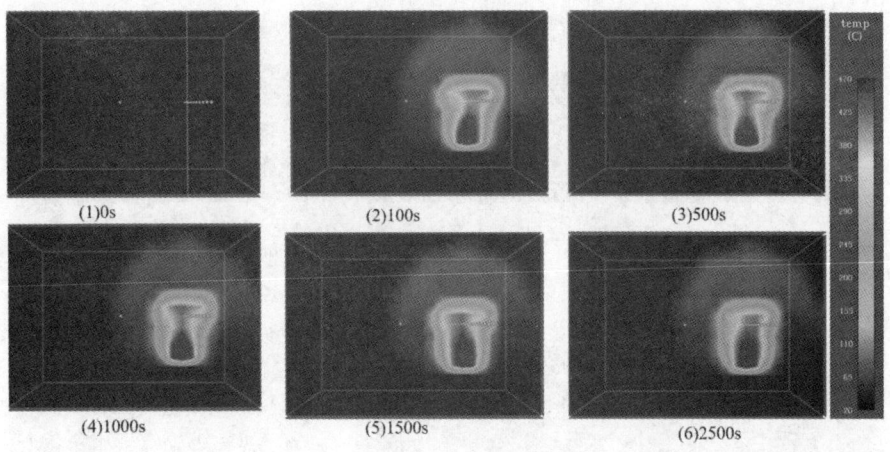

(d)纵向风速为 6 m/s 时

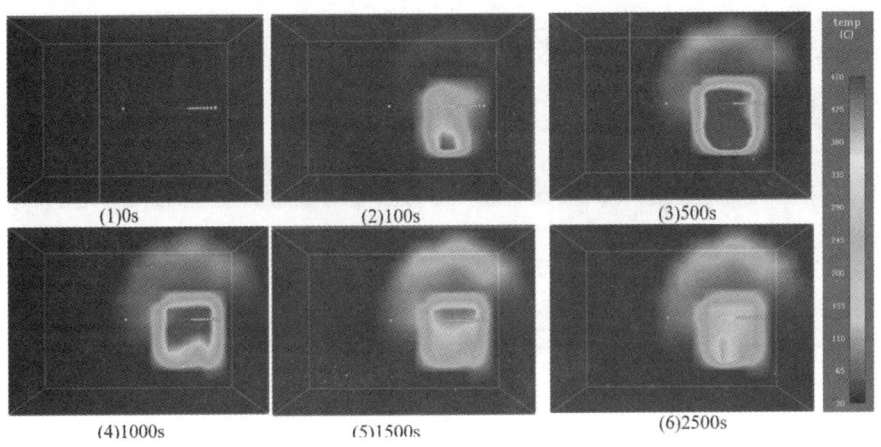

(e)纵向风速为 8 m/s 时

**图 6-6　不同纵向风速下的隧道温度切片图（XOZ 平面）**

图 6-7 展示的是列车停靠区段，不同纵向风速下 $X$=5 m 平面的隧道内温度切面图，可以看出：温度变化过程与烟气变化类似，温度会随着烟气浓度的升高不断提升。最初着火位置的温度逐渐升高并达到最高，两侧温度较低，随着着火时间的延长，燃烧产物的增加，两侧温度会随着产生烟气量的提升而逐渐上升。而风机的不同风速对列车内部的温度稍有影响。在不同风速下，列车右侧的温度与列车左侧的温度相比相对较高。

(a)纵向风速为 0 m/s 时

(b)纵向风速为 2 m/s 时

(c)纵向风速为 4 m/s 时

(d)纵向风速为 6 m/s 时

(e)纵向风速为 8 m/s 时

图 6-7　纵向风速为 8m/s 时，隧道温度切面图（$YOZ$ 平面，$X=5$ m）

(a)纵向风速为 0 m/s 时

(b)纵向风速为 2 m/s 时

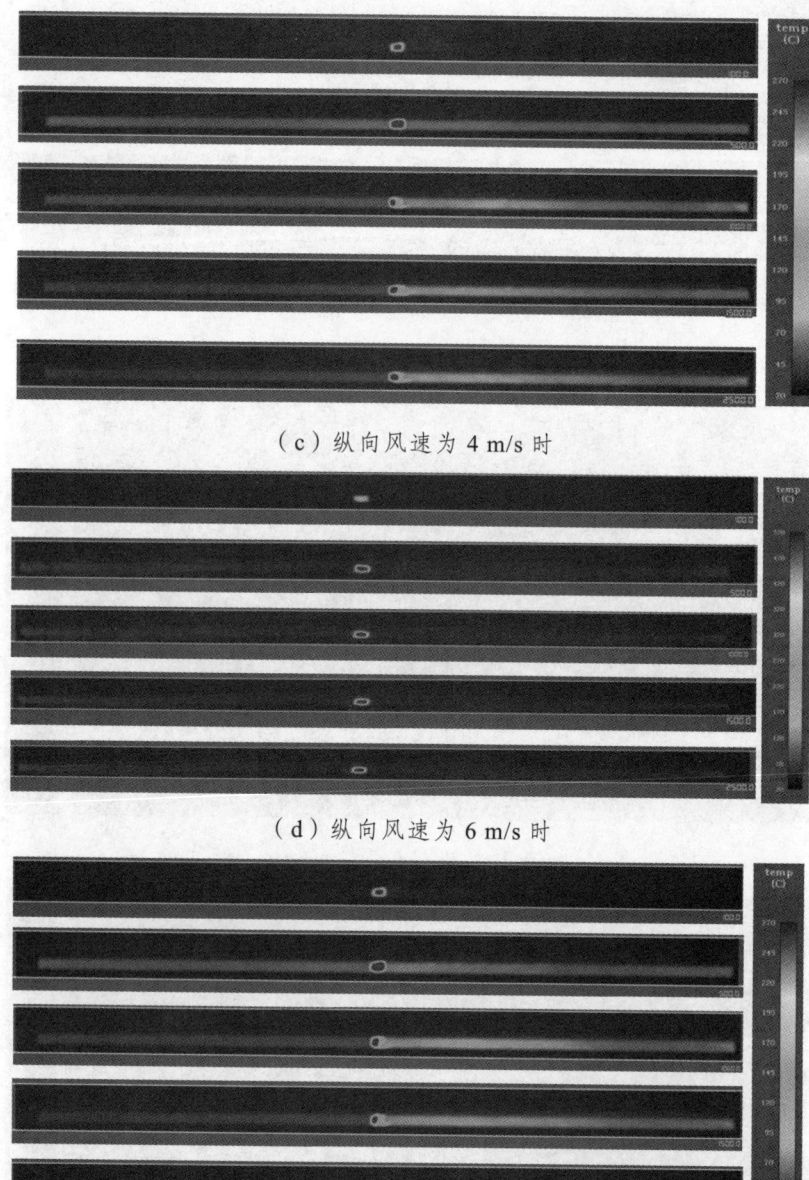

(c)纵向风速为 4 m/s 时

(d)纵向风速为 6 m/s 时

(e)纵向风速为 8 m/s 时

图 6-8　纵向风速为 8 m/s 时，隧道温度切片图（$XOY$ 平面：$Z=2$ m）

（a）纵向风速为 0 m/s 时

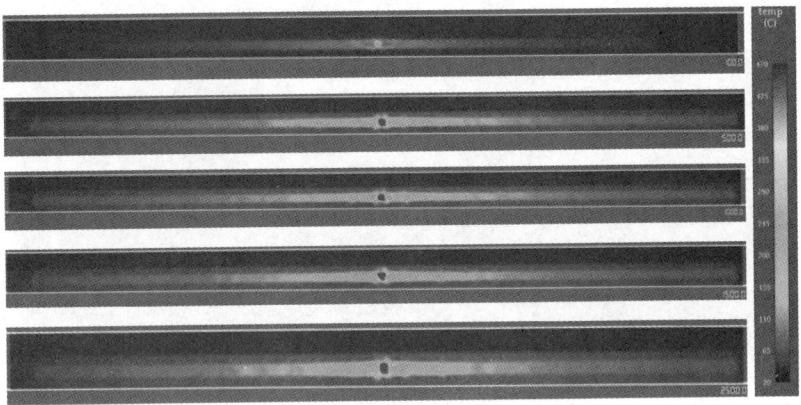

（b）纵向风速为 2 m/s 时

（c）纵向风速为 4 m/s 时

（d）纵向风速为 6 m/s 时

（e）纵向风速为 8 m/s 时

图 6-9　纵向风速为 8 m/s 时，隧道温度切片图（$XOY$ 平面：$Z=4$ m）

（a）纵向风速为 0 m/s 时

（b）纵向风速为 2 m/s 时

（c）纵向风速为 4 m/s 时

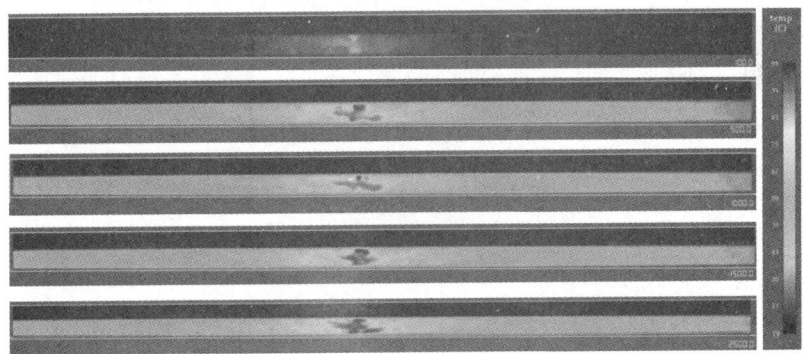

（d）纵向风速为 6 m/s 时

(e)纵向风速为 8 m/s 时

图 6-10　不同纵向风速下的隧道温度切片图（$XOY$ 平面：$Z=6$ m）

隧道内着火时，我们为便于观察截取了不同高度的温度切片图。图 6-8、图 6-9 以及图 6-10 分别是列车停靠区段附近，$Z=2$ m、$Z=4$ m 以及 $Z=6$ m 位置处的温度切面图，从这三幅图中可以看出，列车中火源位置的温度呈现出逐渐快速上升再保持稳定的趋势，隧道内的纵向通风对列车内的温度影响不大，在 100 s 时，由于火势不大，隧道内温度蔓延较慢，上下游隧道内的温度变化还处于相对对称的状态，当风机纵向通风风速变大时则稍有不同，下游的温度明显高于上游，对比相同时间下不同切片高度下的温度变化，可知 $Z=6$ m 是位于列车顶部的切片，整个列车的温度最初很低，随后逐渐上升，$Z=4$ m 是位于列车中部的切片，该切片的温度在最初阶段是车厢内温度最高的，随后温度逐渐稳定并稍有降低，而 $Z=2$ m 是位于列车较低位置的切片，整个燃烧过程，其温度都处于较低的阶段。其温度主要是受到烟气弥漫的影响，因此燃烧过程中产生的烟气是弥漫在列车顶部的，并随着烟气的逐渐增多，烟气会逐渐下压，威胁到车厢内乘客的安全。

### 6.2.2　火灾数值分析

1. HRR（热释放速率）

图 6-11 ~ 图 6-14 分别是工况 A1、工况 A2、工况 A3 以及工况 A4

的热释放速率图,设定最终的热释放功率为 7 MW。

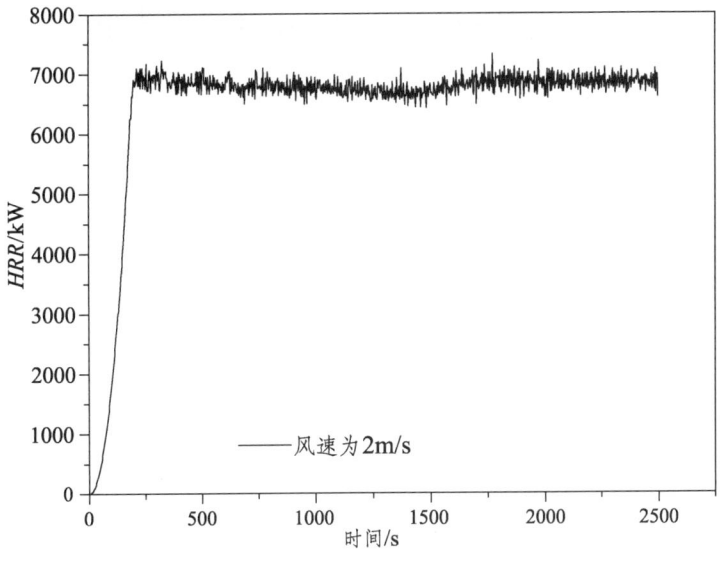

图 6-11　工况 A1 的热释放速率图

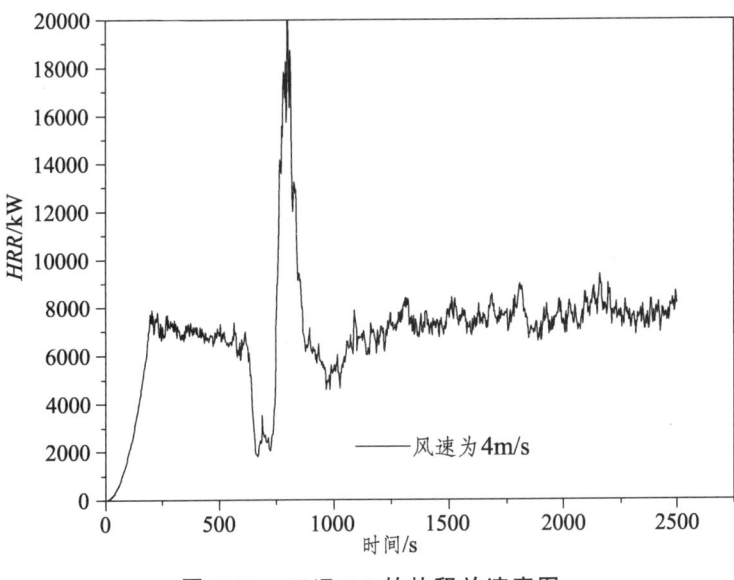

图 6-12　工况 A2 的热释放速率图

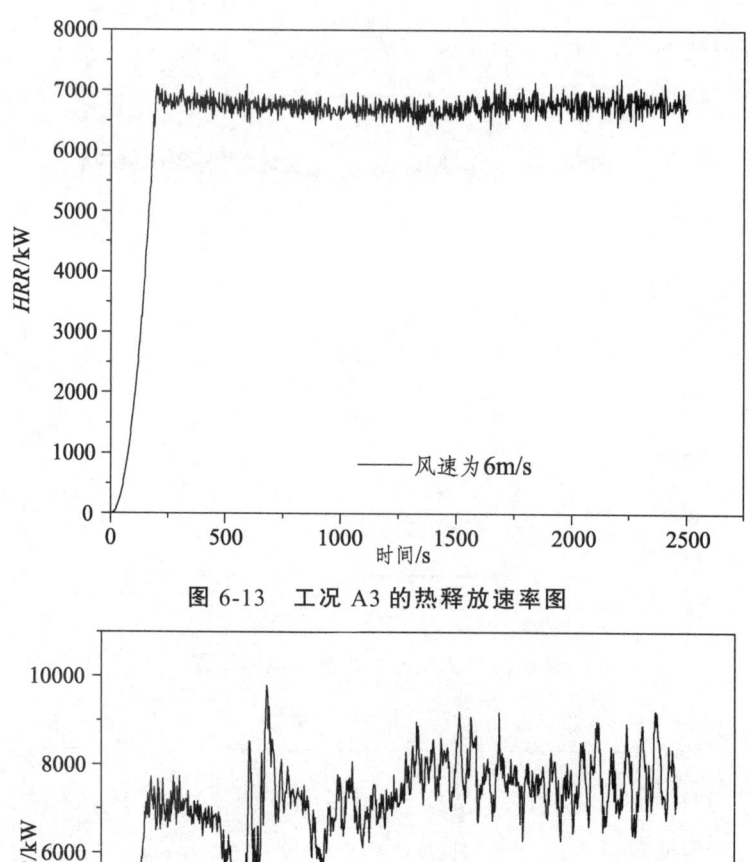

图 6-13 工况 A3 的热释放速率图

图 6-14 工况 A4 的热释放速率图

通过以上各图可以看出，由于设定火源为快速增长模式，不同工况下，在第 193 s 时，其火源热释放速率均快速上升至 7 000 kW 并最终会稳定在 6 000~9 000 kW，纵向通风对 HRR 数值的大小影响不大。

2. 能见度分析

图 6-15～图 6-18 是在上述不同工况下的能见度变化图,该数值来源于设置在不同未知区域的烟气探测器,烟气探测器同样设置在和人眼高度相同的位置处即 1.8 m 处,和火源位置每间隔 50 m 处设置一个探测器。

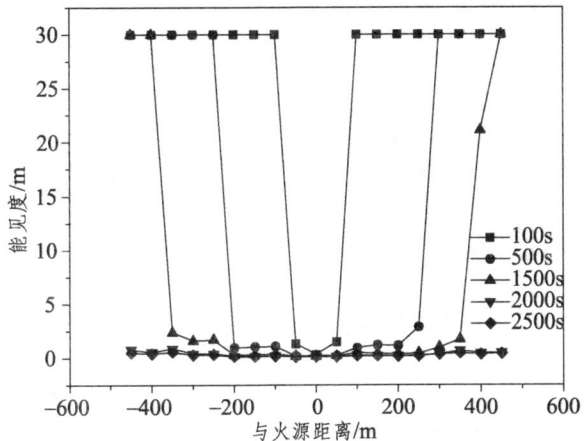

图 6-15　工况 A1 的能见度随火源距离变化图

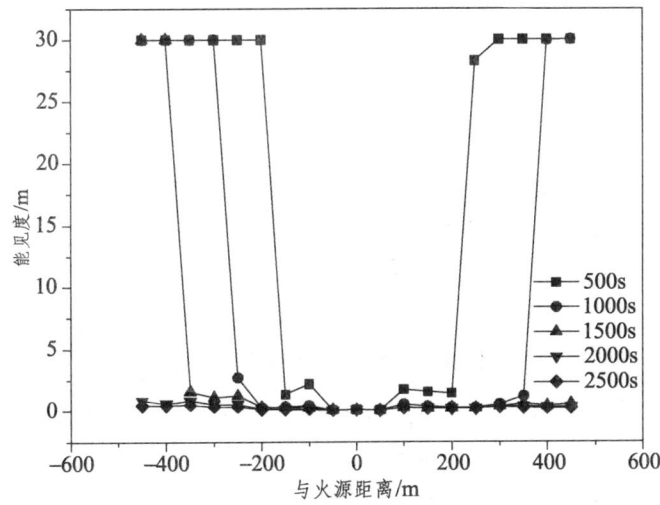

图 6-16　工况 A2 的能见度随火源距离变化图

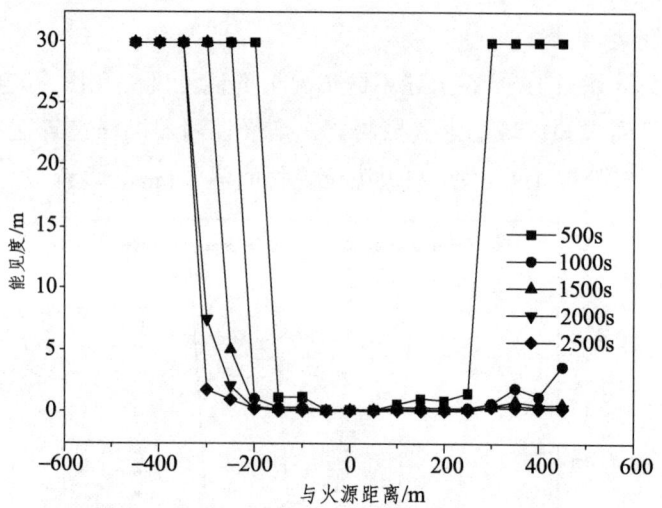

图 6-17 工况 A3 的能见度随火源距离变化图

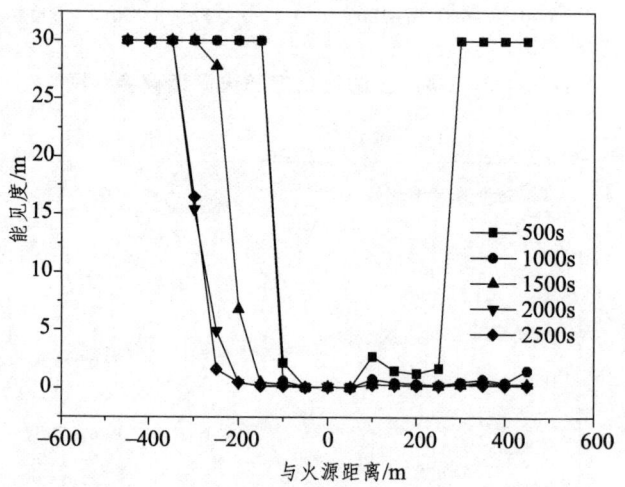

图 6-18 工况 A4 的能见度随火源距离变化图

从以上四种不同工况下的能见度变化图中可以看出：当风速为 2 m/s 时，由于风速较小，同时风机所处位置距离火源较远，上下游隧道内的能见度变化值呈现相对对称的状态。随着风机风速的提升，在图 6-17 和图 6-18 中可以看出，相同时刻，上游能见度（距离火源距离是 0～600 m）和下游能见度比相对较高，同时距离燃烧区域较近的位置，其能见度在最开始就处于较低的水平，而距离较远的区域则是随着燃烧时间的增长其能见度逐渐降低。

## 6.3 人员疏散模拟研究

发生火灾后，列车失去动力停靠在区间，乘客开始在区间内进行疏散，区间内乘客是否安全主要是由所需的安全疏散时间和可用安全疏散时间来确定的，在第 4 章中得知，当可用安全疏散时间大于必须安全疏散时间时，即可判定区间内的行人是处于安全的状态，可用安全疏散时间是火灾发生后环境因素对人体造成伤害的时间，研究中以温度为评价指标，确定该火灾发生后区间内的温度对人体造成伤害的临界时间为可用安全疏散时间，在此时间内如果无法及时疏散人群，将会给乘客的生命安全带来严重的伤害。

### 6.3.1 可用安全疏散时间的确定

人眼的一般高度为 1.2～1.8 m，以 1.8 m 处的温度变化指标为判定依据，温度探测器设置在距离疏散平台 1.8 m 的高度以便采集此处温度，在第 4 章中，我们得知若火灾烟气温度超过 80 ℃ 便会灼伤呼吸道和表皮细胞，因此取 80 ℃ 作为 1.8 m 处温度的临界危险值。

图 6-19～图 6-22 展示的是不同工况下的温度变化情况。可以看出在总疏散时间 2 500 s 以内，工况一中由于纵向通风风速较小，上下游隧道内温度均保持在临界温度以内，通风对列车内部的温度影响较小，都没有明显的升高，因此设定 2 500 s 为该工况下的可用安全疏散时间。在工况 A2、工况 A3 以及工况 A4 中，受到纵向较大通风风速的影响，距离火源燃烧位置前后 100 m 内的温度有所上升，并且随着时间的推移，有 1 000～1 500 s 时，列车内部的温度会相应较高，并超过临界温度 80℃。因此，如果乘客在这个时间段内仍然处于列车内，且无法得到及时的疏散，其生命安全将会受到威胁。

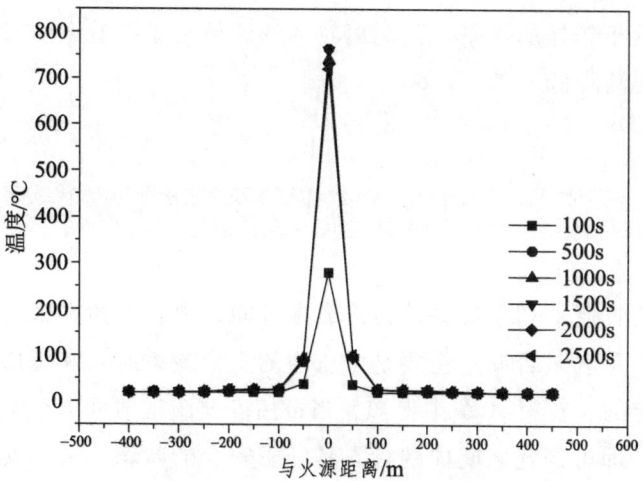

图 6-19 工况 A1 的温度变化图

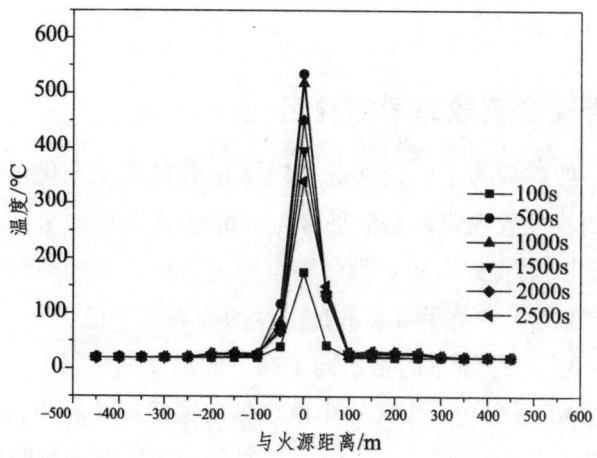

图 6-20 工况 A2 温度变化图

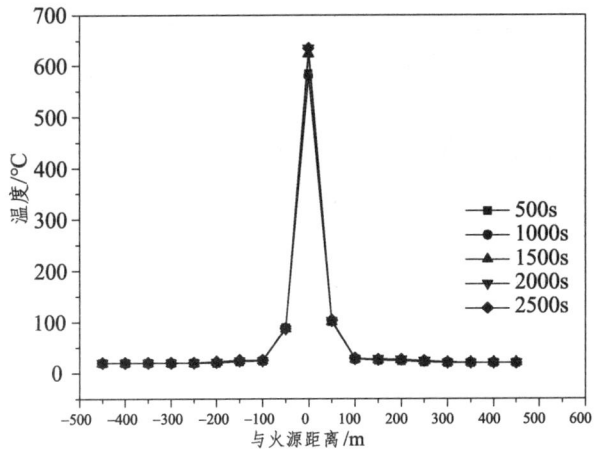

图 6-21　工况 A3 温度变化图

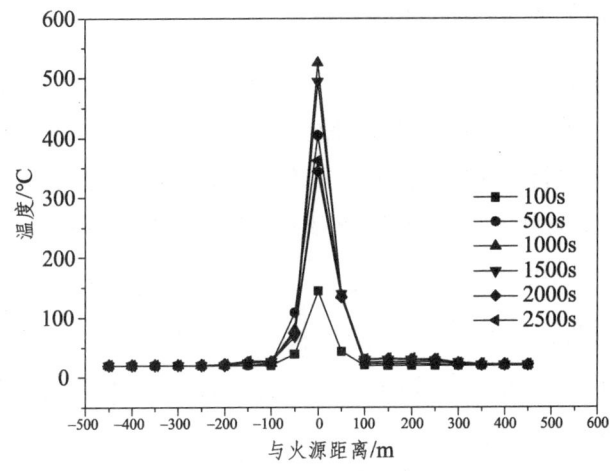

图 6-22　工况 A4 温度变化图

考虑最不利的情况,设置最大载客量 2 958 人次进行乘客疏散模拟实验,如图 6-23 所示,图中所展示的是列车内的人数随时间变化图。大约在 1 300 s 时,所有乘客都会撤离列车疏散至疏散平台,在所规定的最大时间限度 1 500 s 内,全部乘客都能够实现撤离列车。此时对于脱离列车的乘客而言,列车内部较高的温度对乘客的危害可忽略,因此,工况二、工况三以及工况四的可用安全疏散时间均可设定为 2 500 s。

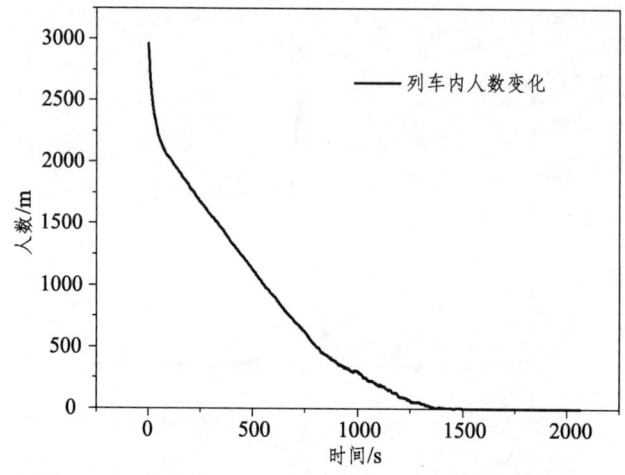

图 6-23 人数为 2 958 时车厢内人数随时间变化图

### 6.3.2 必须安全疏散时间的确定

必须安全疏散时间（RSET）[11]是指从着火开始至人员全部撤离安全区域的时间，是人员疏散的速度快慢的表征。RSET 包括火灾勘测报告时间 $t_{alarm}$、人员预行动时间 $t_{pre}$ 和人员疏散时间 $t_{move}$，其中人员预动作时间 $t_{pre}$ 又包括认知时间 $t_{reg}$ 和反应时间 $t_{resp}$，其关系式如下：

$$RSET = t_{alarm} + t_{pre} + t_{move} = t_{alarm} + (t_{reg} + t_{resp}) + t_{move} \quad (6-1)$$

火灾勘测报告时间 $t_{alarm}$ 设定为 50 s，是隧道内火灾探测器报警时间，通过 Pathfinder 建模软件模拟计算所得的最终时间设定为人员的预行动时间 $t_{pre}$ 和人员疏散时间 $t_{move}$。

该模型用以研究不同人数下的疏散，其开门策略均设置为全部车门均打开，所设置的疏散工况如表 6-2 所示，疏散人数分别设置为 1 000 人、1 500 人及 2 958 人并展开模拟实验，同时记录实验结果。

表 6-2 人员疏散工况表

| 疏散编号 | 开门策略 | 疏散总人数/人 |
| --- | --- | --- |
| B1 | 全部车门 | 2 958 人 |
| B2 | 全部车门 | 1 500 人 |
| B3 | 全部车门 | 1 000 人 |

通过 Pathfinder 建立与 6.1 节中相同的隧道乘客疏散模型,如图 6-24 所示。

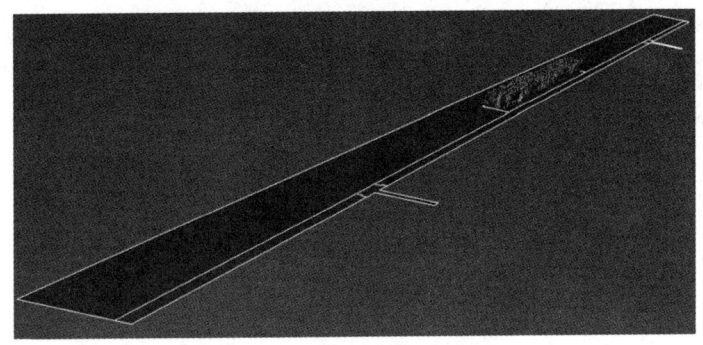

图 6-24 隧道乘客疏散模型

对上述不同的乘客疏散工况进行研究。能够发现在工况 B3 下第一位乘客疏散至对向车道的时间是 184.7 s,所有乘客均脱离该车道的时间是 845.5 s,因此工况 B3 的情况下,其响应时间和行人行动时间总和为 845.5 s,再加上探测器的响应时间 50 s,最终所需必须安全疏散时间为 895.5 s;当处于工况 B2 时,第一位乘客疏散至对向车道的时间为 184.6 s,所有乘客均脱离该车道的时间是 1 155.8 s,因此工况 B2 的情况下,其响应时间和行人行动时间总和为 1 155.8 s,再加上探测器的响应时间 50 s,最终所需必须安全疏散时间为 1 205.8 s;工况 B1 中,第一位乘客疏散至对向车道的时间是 185 s,所有乘客均脱离时间为 2 061.28 s,响应时间和行人行动时间总和为 2 061.28 s,加之探测器的响应时间 50 s,当人数是 2 958 人时即达到最大载客量时,其所需必须安全疏散时间为 2 061.28 s。以上三种工况中的疏散时间均小于所需安全疏散时间,因此该区间在上述四种火灾工况下均处于安全状态。

## 6.4 小 结

本章共设置了四种不同的火灾工况,纵向机械通风风速分别是 2 m/s、4 m/s、6 m/s 以及 8 m/s,通过四种不同工况监测其燃烧过程中的烟气、温度以及有害气体变化情况，与人体临界受伤指标形成对比，能够发现在设定的模拟时间内，隧道上下游的温度均保持在 80℃ 以下，因此设定 2 500 s 为所需安全疏散时间。随后对三种不同人数下的疏散过程展开模拟，得到不同人数设置状态下的必须安全疏散时间，最后将所需安全疏散时间和必须安全疏散时间进行比对发现三种不同人数状态下的必须安全疏散时间均小于所需安全疏散时间，因此隧道处于安全状态。

# 参考文献

[1] 刘海强. 广州地铁隧道火灾应急排烟技术探讨[J]. 科技创新与应用, 2017（16）: 184-185.

[2] 王鑫. 水灭火系统对地铁隧道中人员疏散的影响研究[D]. 沈阳: 沈阳航空航天大学, 2015.

[3] 周京京. 福州地铁车辆综合基地运用库消防性能化设计[D]. 北京: 北京建筑大学, 2017.

[4] 方黎. 某地铁车辆基地消防设计探讨[J]. 消防科学与技术, 2011, 30（09）: 802-805.

[5] 杨舜, 冯凯. 采用上盖开发模式的地铁车辆基地灭火系统设计研究[J]. 消防技术与产品信息, 2017（02）: 34-37.

[6] 马彪, 洪从鲁. 反恐视野下地铁车辆基地公共安全隐患与防范对策研究[J]. 郑州铁路职业技术学院学报, 2018, 105（02）: 14-16.

[7] 张治. 列车脱轨事故智能分析技术初步研究[D]. 成都: 西南交通大学, 2002.

[8] 石小玉. 用事故树分析列车脱轨事故: 苏, 鲁, 皖, 赣, 冀五省金属学会第十五届焦化学术年会论文集（下册）[C], 2010.

[9] 司天文. 风雨联合作用下大跨钢桁拱桥桥上地铁交通行车安全性研究[D]. 成都: 西南交通大学, 2016.

[10] 李冬, 苏燕辰, 田鑫, 等. B型地铁列车火灾安全疏散性能研究[J]. 铁道科学与工程学报, 2016, 13（08）: 1613-1617.

[11] 田鑫. 地铁车站火灾疏散研究[D]. 成都: 西南交通大学, 2017.

[12] 杨帆. 地铁车火灾安全疏散研究[D]. 成都: 西南交通大学, 2016.

[13] 席亚军, 林建辉, 苏燕辰, 等. 地铁车厢火灾蔓延规律及人员疏散

安全性研究[J]. 铁道科学与工程学报, 2017, 14 (03): 619-625.

[14] 汪志雷, 华敏, 徐大用, 等. 地铁隧道火灾人员疏散模拟研究[J]. 消防科学与技术, 2014, 33 (6): 645-648.

[15] 李静婧. 地铁隧道火灾烟气特性与人员疏散策略研究[D]. 北京: 北京交通大学, 2019.

[16] 彭佳湄. 超大直径深水盾构隧道人员安全疏散研究[J]. 科技和产业, 2020, 20 (06): 130-133.

[17] 黄文昕. 轨道交通单洞双线类隧道人员疏散问题的探讨[J]. 地下工程与隧道, 2015 (04): 10-13.

[18] 刘俐. 城市轨道交通区间疏散问题分析[J]. 城市轨道交通研究, 2019, 206 (11): 100-103.

[19] 陈开放. 隧道照明设备维护系统的设计与实现[D]. 西安: 长安大学, 2014.

[20] 华福才. 岩石地层地铁区间隧道结构防排水技术研究[D]. 北京: 北京交通大学, 2017.

[21] 胡婷婷. 地铁区间特殊处理地段的排水分析[J]. 兰州交通大学学报, 2014, 33 (03): 35-40.

[22] 牛月峰. 公路瓦斯隧道施工通风技术研究[J]. 石家庄铁路职业技术学院学报, 2020, 19 (02): 60-64.

[23] 秦小超. 谈特长隧道三段式通风设计[J]. 山西建筑, 2020, 46 (15): 137-138.

[24] D D, S T H H. Understanding Flood Behavior in Underground Facelities for Urban Flood Risk Management[J]. New Technologies for Urban Safety of Mega Cities in Asia, 2003(10): 201-212.

[25] 吕海敏. 城市地铁系统沉涝灾害风险评估方法与防灾对策[D]. 上海: 上海交通大学, 2019.

[26] 朱海燕. 北京市地铁站暴雨内涝脆弱性评估研究[D]. 北京: 首都经济贸易大学, 2018.

[27] 史悦. 城市地下空间受涝风险评估模型的简化构建及新型防涝装置

研究[D]. 西安：西安建筑科技大学，2019.

[28] 刘华莉. 基于情景构建理论的地铁车站内涝灾害应急管理研究[D]. 北京：首都经济贸易大学，2018.

[29] 中华人民共和国建设部. 城市轨道交通工程项目建设标准：建标 101—2008[S]. 北京：中国计划出版社，2008.

[30] 北京市规划委员会. 地铁设计规范：GB50157—2013[S]. 北京：中国建筑工业出版社，2013.

[31] 史柯峰，刘垚，李晓锋. 城市轨道交通长大区间应急通风运行模式研究[J]. 城市轨道交通研究，2019，22（3）：62-67.

[32] 赵阳. 跨江临界条件下长大区间风井设置研究[J]. 现代城市轨道交通，2018，000（12）：49-54.

[33] 孙涛，郭颂，宋吉鹏. 地铁高架长大区间非正常情况下行车组织探究[J]. 都市快轨交通，2018，150（2）：75-79.

[34] 张学兵，蒋玉虎. 基于疏散模型的地铁长大区间疏散研究[J]. 铁路通信信号工程技术，2019，016（5）：51-55.

[35] 姜传治. 北京市域快轨新机场线长大区间防灾救援方案[J]. 都市快轨交通，2016（4）：34-37.

[36] 王琛琛. 城市轨道交通长大隧道区间火灾安全疏散问题研究[D]. 北京：北京交通大学，2017.

[37] 谢洪生. 地铁火灾时疏散时间的分析与计算[J]. 铁路计算机应用，2013（9）：62-65.

[38] 王伟. 城市地铁隧道工程火灾特点以及防火手段探讨[J]. 科技与生活，2012（2）：170.

[39] 杨立中，邹兰. 地铁火灾研究综述[J]. 工程建设与设计，2005，000（011）：8-12.

[40] 陈绍宽，狄月，史荣丹，等. 地铁车站站台火灾影响分析与人员疏散研究[J]. 交通运输系统工程与信息，2017（01）：245-252.

[41] 夏蕊. 地铁火灾烟气流动与人员疏散研究[D]. 淮南：安徽理工大学，2019.

[42] 金正烽. 基于 FDS 的地铁换乘站火灾模拟与人员疏散研究[D]. 北京：北京交通大学，2019.

[43] 赵智. 地铁区间隧道人员紧急疏散方式比选研究[J]. 企业技术开发旬刊，2013.

[44] 王芳. 地铁火灾事故人员应急救援安全疏散研究[D]. 北京：北京交通大学，2015.

[45] MELINEK S J. ESTABLISHMENT, B. R., BOOTH, S., An Analysis of Evacuation Times and the Movement of Crowds in Buildings[M]. Building Research Establishment, 1975.

[46] 陈和燕. 地铁站火灾模拟与人员安全疏散时间研究[D]. 武汉：武汉理工大学，2019.

[47] PAULS J. Development of knowledge about means of egress[J]. Fire Technology, 1984, 20(2): 28-40.